Für Peter

grillieren ist mehr
als brutzeln!!

Genuss pur

21.04.11

Swiss BBQ Champion

GRILL-UELI

Vom Apéro bis zum Dessert:
Alles vom Grill

Konzept & Produktion:

Trnka food & stills

Liebe Grillfreunde und «Grill-Ueli Jünger»

Über 30 Jahre ist es her, dass ich das Grillieren als eine meiner grossen Leidenschaften für mich entdeckte.
Alles begann mit einem Traum, der jedoch noch nicht direkt mit dem Grillieren zu tun hatte.
Schon als kleiner Junge war für mich klar, dass ich eines Tages eidg. dipl. Metzgermeister werden will. Während der gesamten Schulzeit war ich jeweils schon früh morgens vor Schulbeginn in der Metzgerei und arbeitete stolz mit meinem Vater zusammen in meinem Traumberuf.
Ebenso gehörte das regelmässige Grillieren an den Wochenenden bei verschiedenen Vereinsanlässen zum Alltag, was zur Routine am Grill beitrug.
Da war aber noch die Schule, die man besuchen sollte und die ich selbstverständlich auch täglich besuchte, doch fiel ich eher durch meine feurige Präsenz und Faulheit, als durch mein Strebertum auf. Deshalb waren die Lehrer nicht gross unglücklich, als ich mit vierzehneinhalb Jahren die Schule von einem Tag auf den anderen verliess, um die Lehre in meinem Traumberuf zu beginnen. Da jedoch die Lehre schon 4 Monate früher begonnen hatte, musste ich sämtliche Schularbeiten innert kürzester Zeit aufarbeiten. Wenn man einen Traum hat, fällt einem das nicht schwer und auch die Gewerbeschule machte mega Spass. Somit hatte ich also schon nach zweieinhalb Jahren den Lehrabschluss und durfte als einer der Besten, das Fähigkeitszeugnis mit der Note 5.4 als Metzger abholen. Der erste Teil meines Traumes ging so in Erfüllung. Nur sieben Jahre später erfüllte ich mir den zweiten Teil und durfte 1987 das Zeugnis als eidg. dipl. Metzgermeister entgegen nehmen.
Jetzt hatte ich Zeit für meine Leidenschaft: Ein Grillkurs folgte dem andern.
1997 trat ich zum ersten Mal in meiner grossen Leidenschaft zum Wettkampf an, und wurde auf Anhieb Grill- und BBQ-Schweizermeister. In den folgenden Jahren gab es noch mehrere Erfolge: 6 x Schweizermeister, 4 x Europameister und vierfacher Weltmeister.
Eines hätte ich jedoch nie gedacht, dass ich je ein Grillbuch schreiben werde. Doch an den vielen Grillkursen und Grillevents wurde ich immer wieder auf mein eigenes Grillbuch angesprochen. 2006 versprach ich an einem Grillkurs meinen Kunden, dass ich ein Grillrezeptbuch schreiben werde. Lange hat es gedauert, aber jetzt ist es fertig und ich bin unglaublich stolz.
Ich möchte aber in meinem Stolz eines nicht vergessen, all denen Danke zu sagen, die mich immer wieder anspornten und auch unterstützten: Samira, die viel auf mich verzichten musste, meinen tollen langjährigen Mitarbeitern, meinem Grillteam, allen Sponsoren und allen, die zu diesem Buch beigetragen haben. Der grösste Dank gehört aber Zuzana und Daniele, die unermüdlich für dieses Buch arbeiteten.

Nun wünsche ich Ihnen viele schöne Stunden am Grill und eine Grillparty soll der anderen folgen!

Euer Grill-Ueli

Inhalt

Bevor der Spass beginnt...

... sollte man sich einige Gedanken über die Geräte, Energien und praktischen Helfer machen. Das kann natürlich auch Spass machen; vor allem ist es aber interessant, sind doch so einige Grillgeräte und Hilfsmittel auf dem Markt! Es ist darauf zu achten, dass man sich gute Qualität zulegt und auf die Sicherheit für sich und die Umwelt achtet.

Das Wichtigste ist natürlich der Grill: Grill-Ueli grilliert grundsätlich über jeder Hitzequelle. Das kann Gas oder Holzkohle sein. Die Vorteile von Gas gegenüber der Kohle sind die gute Steuerung der Hitze, sowie das rauchfreie Grillieren. Dafür fehlt beim Gasgrillieren der rauchige Geschmack von Holz und Feuer.

Grill-Ueli unterscheidet zwischen dem direkten und dem indirekten Grillieren. Beim direkten Grillieren liegt das Grillgut über der Hitzequelle. Diese Methode ist geeignet für kurzgebratene Steaks und Koteletts.

Beim indirekten Grillieren liegt das Grillgut nicht direkt über der Hitzequelle, sondern seitlich verschoben. Mit dieser Methode werden grosse, langsam gegarte Fleischstücke wie z.B. Roastbeef grilliert. Aber auch Gemüse, Gratins oder Kuchen können so wunderbar zubereitet werden. Eigentlich genügt ein Grillrost über Kohle oder Gasflammen. Mit einem gedeckten Grill oder einem Kugelgrill wird die Hitze regelmässiger verteilt und ein gleichmässiges Garen ist möglich. In einem sogenannten Smoker wird die Wärme in einem separaten Heizkessel mit Holz /Holzkohle erzeugt und über das Grillgut geleitet. So wird das Grillgut sehr langsam gegart und erhält die spezielle Rauchnote.

Eine effiziente Hitzezirkulation und geschützte Gasflammen sind beim System von OUTDOOR-CHEF optimal erreicht.

Einfacher Grill

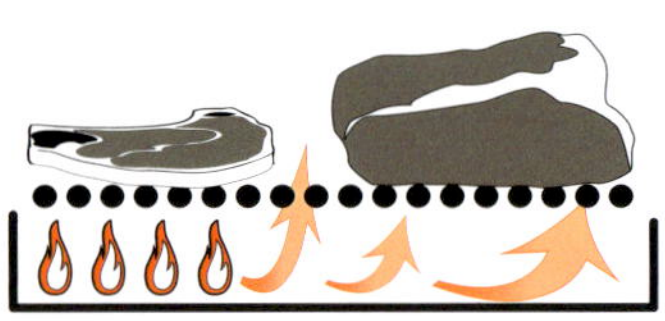

Kugel-Grill

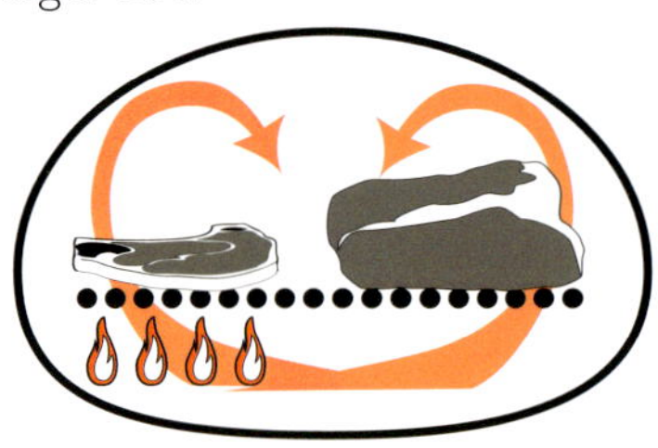

Smoker

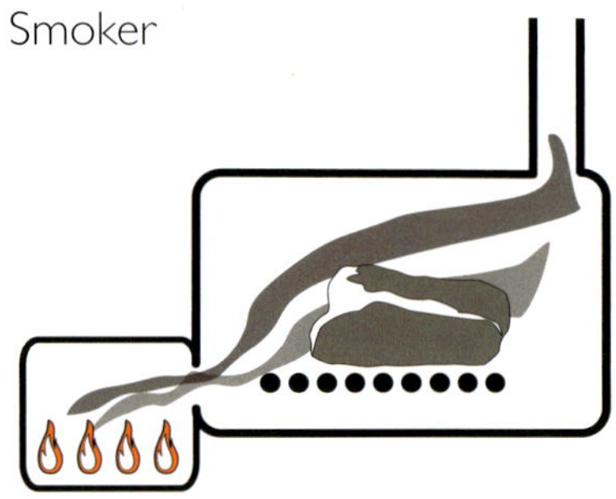

Wichtige Helfer

Einige Helfer, die zum Gelingen der Grillparty beitragen: Unerlässlich ist ein guter Kerntemperaturmesser. Ebenso wichtig sind Bratschaufeln und Zangen, um das Grillgut zu wenden. Und da Grillieren immer auch Hitze bedeutet ist ein Schutz für die Hände von grossem Vorteil. Weiter sind Spiesse aus Holz oder Metall und feuerfeste Formen nötig. Mit den vier beliebten Grill-Ueli Gewürzmischungen und einigen Gartenkräutern, so wie den üblichen Küchenutensilien werden die Grillrezepte optimal gelingen. Zu empfehlen ist auch eine Gewürzwaage, die auf ein halbes Gramm genau ist. Diese und Grill-Ueli's Gewürze, sowie vieles mehr sind im Shop unter **www.grillueli.ch** erhältlich.

Die Weintipps stammen von:

Was kann es Schöneres geben, als seine Leidenschaft zum Beruf zu machen. Und wo könnte man diese Passion vortrefflicher ausleben als in der ***delicatessa von Globus im Glattzentrum.

Nach der Kochlehre und fast 20 Jahren gastronomischer Wanderschaft, immer im Sinne der gehobenen Wein-und Genusskultur, dreht sich die Welt des Weins - nicht ausschliesslich - aber doch hauptsächlich in meinem Kopf. Seit 2005 darf ich als Kellermeister meine Gäste im Globus begrüssen und auf vielfältigste Art über die Harmonie von Essen und Trinken beraten. Weinkauf ist Vertrauenssache, sagt man, und genau dieses mir entgegengebrachte Vertrauen, verbunden mit grosser Freude zum Gastgebertum ist die Feder meines Antriebs, auch weiterhin die perfekte Weinwahl bieten zu können.

Herzlichst,

Andreas Brunnegger

***
delicatessa
Globus

Dipl. Metzgermeister Grill-Ueli,
Samira Duračak, Nebojsa Bogosavlijevic und Blaise Mazimpaka
heissen Sie herzlich willkommen in der *Keller Gourmet-Metzg*.
Das erfahrene Metzgerteam berät sie kompetent und zuvorkommend.
Erstklassiges Fleisch, hausgemachte Würste, Marinaden und
vieles mehr – natürlich in Top-Qualität – erwarten Sie in der

Keller Gourmet-Metzg
*****delicatessa Globus**
CH-8301 Glattzentrum.

★★★★★ Gourmet-Metzg keller

gourmetkeller.ch

Kerntemperaturen, kleine Fleischkunde

Mit der Kerntemperatur wird die Wärme in der Mitte des Fleischstückes angegeben. Allgemein spricht man von *blutig/saignant/rare, rosé/medium* und *durch/cuit/done*. Dies sind aber sehr ungenaue Angaben. Darum misst Grill-Ueli immer mit einem Fleischthermometer die Kerntemperatur. Diese hängt einerseits von der Fleischart und andererseits vom persönlichen Geschmack ab.

In den Rezepten und in der folgenden Liste hat Grill-Ueli die Kerntemperaturen so angegeben, dass das Fleisch optimal in Geschmack und Saftigkeit zur Geltung kommt. Es ist darauf zu achten, dass das Grillgut vom Grill genommen werden muss, bevor es die angegebenen Temperatur erreicht hat (um ca. 5-6 °C).

Rind

Roastbeef

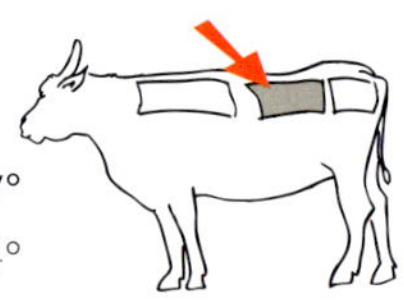

optimal 54°-57°
eher blutig 40°-44°

Entrecôte double

Stück vom Roastbeef

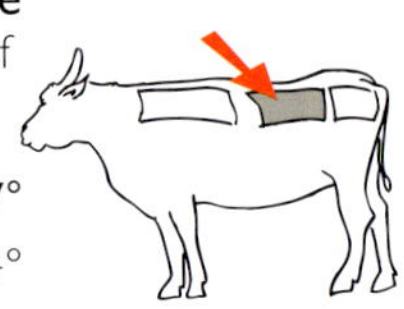

optimal 54°-57°
eher blutig 40°-44°

Filet

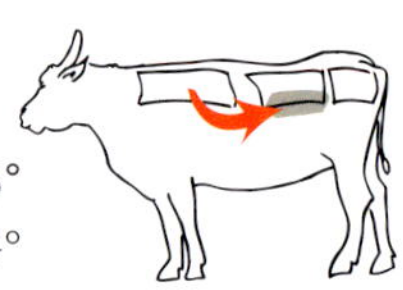

optimal 51°-55°
eher blutig 40°-44°

Hohrücken

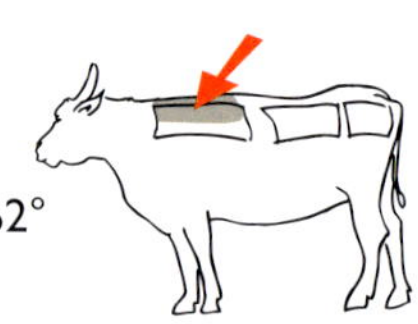

optimal 58°-62°

Huft / Huftfilet

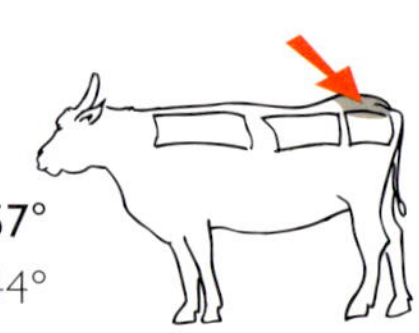

optimal 54°-57°
eher blutig 40°-44°

T-Bone Steak

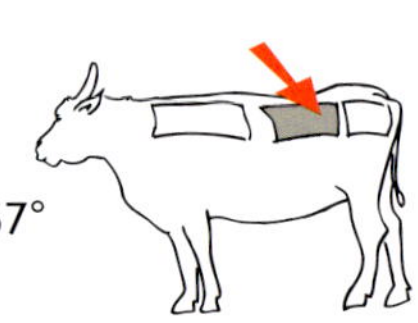

optimal 54°-57°

Kalb

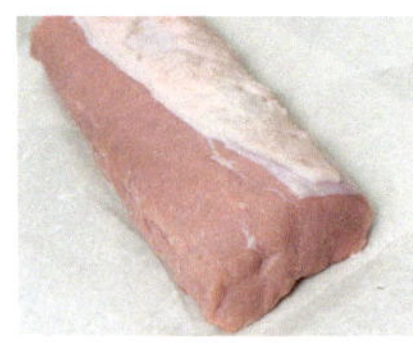

Nierstück

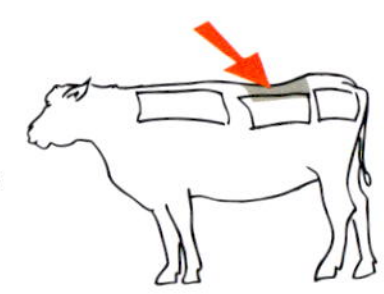

optimal 57°-62°

Hohrücken

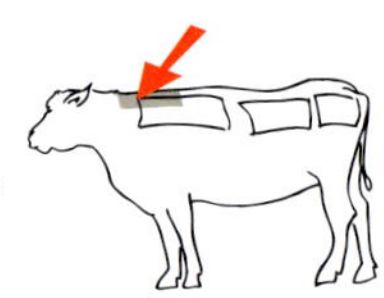

optimal 58°-64°

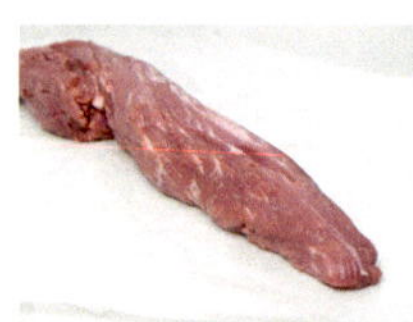

Filet

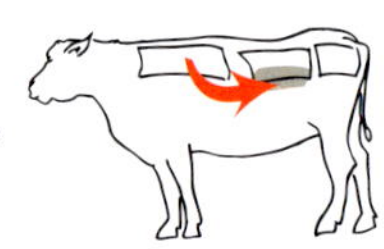

optimal 54°-58°

Rack

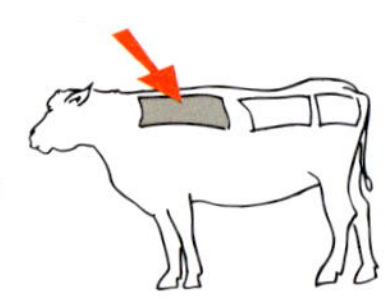

optimal 58°-64°

Huft / Huftfilet

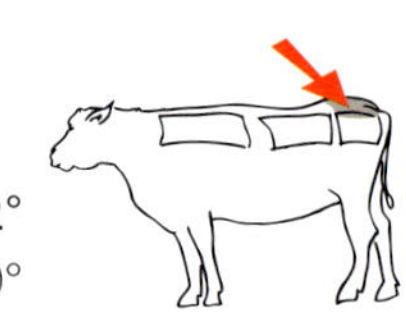

optimal 57°-62°
eher blutig 37°-40°

Haxe

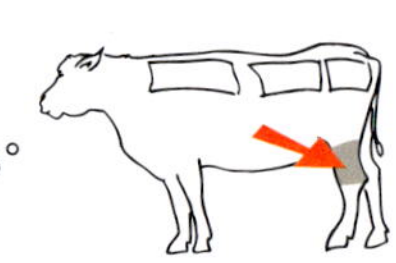

optimal 80°-85°

Schwein

Nierstück

optimal 60°-64°

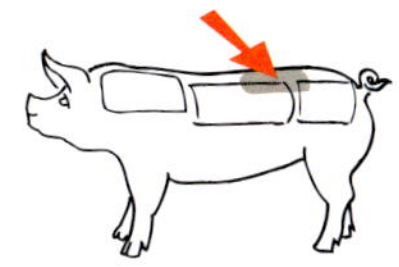

Rack

optimal 62°-66°

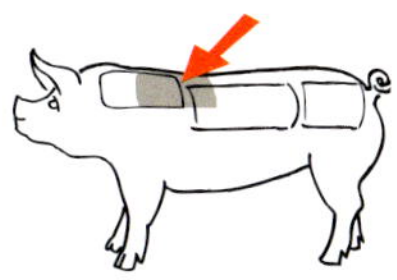

Filet

optimal 58°-63°

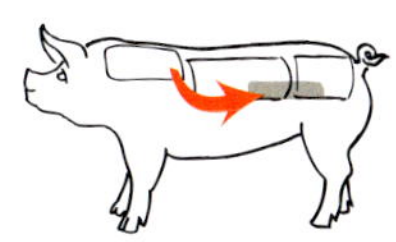

Hals

optimal 74°-78°

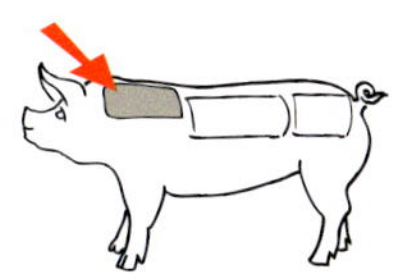

Spareribs

optimal 80°-85°

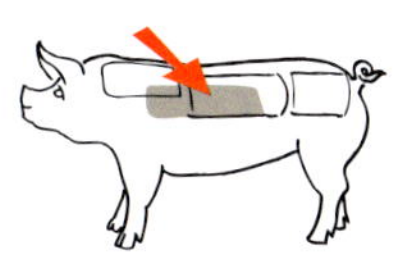

Wild

Rehrücken

optimal 54°-58°

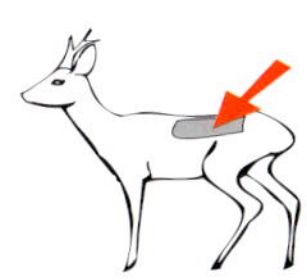

Hirschrack

optimal 54°-58°

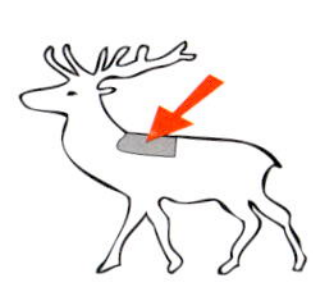

Lamm

Gigot

optimal 58°-64°

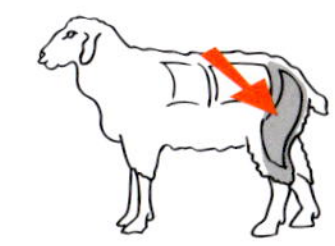

Rack

optimal 56°-60°

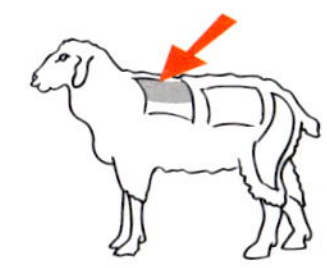

Nierstück

optimal 54°-58°

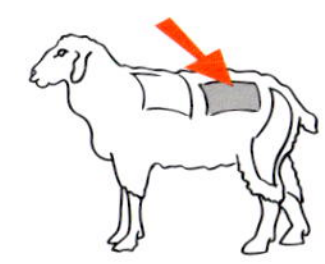

Filet

optimal 54°-58°

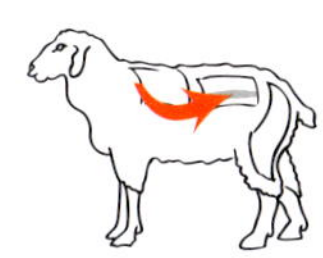

Huhn

Ganzes Huhn

mindestens 70°

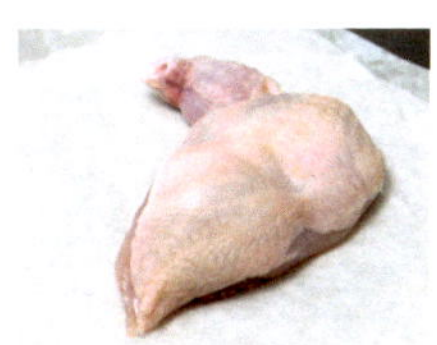

Suprème

Brust mit Flügelteil

mindestens 70°

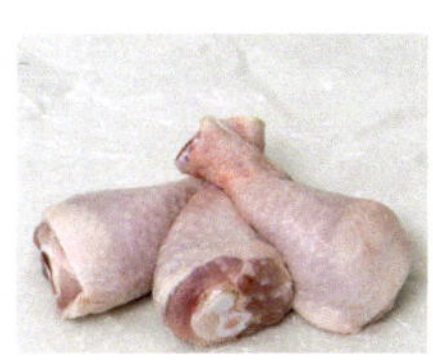

Unterschenkel

mindestens 70°

Aillerons

Flügelteil

mindestens 70°

Grill-Ueli‘s (offenes) Geheimnis

Was man wissen muss:
Fleisch besteht im Durchschnitt aus: 70% Wasser, 20% Eiweiss, 9% Fett, 1% Mineralstoffe

Marinieren
Grosse Stücke mariniert Grill-Ueli bis zu 12 Stunden im Voraus. Er empfiehlt bei grossen Stücken das Fleisch im Voraus zu salzen. Vielfach wird die Meinung vertreten, dass dies den Braten trocken werden lässst. Es ist wohl richtig, dass das Salz dem Fleisch Feuchtigkeit entzieht, aber nur ca. 3-4%, was erstens vernachlässigbar und zweitens gewollt ist: Die entzogene Flüssigkeit und die Aromen der Marinade vermischen sich dabei. Auf dem heissen Grill entsteht dann zusammen mit dem Fleisch-Eiweiss, dem Zucker und den Gewürzen die so heissgeliebte Grill-Ueli-Kruste.

Poren-Wahnsinn: Eine Haut hat Poren, die dazu beitragen, dass das Fleisch unter der Haut atmen kann und somit überhaupt zu existieren vermag. Das Fleisch aber hat keine Poren, sondern eine glatte Oberfläche. Diese Oberfläche wird bereits ab 57 °C durch das sich verfestigende Eiweiss verschlossen und der Fleischsaft kann nicht mehr austreten.
Heiss Anbraten dient nur dem Röstaroma, nicht aber zum Schliessen der Poren, die es gar nicht gibt!

Der Garvorgang beim indirekten Grillieren
1 Das marinierte Fleisch wird indirekt auf dem Grill gegart.

2 Ab 57 °C beginnt sich das Fleisch-Eiweiss an der Oberfläche zu verfestigen. Der Fleischsaft kann somit nicht mehr austreten. Im Innern beginnt sich durch die Erwärmung des Wassers ein Überdruck zu bilden.

3 Ist die gewünschte Kerntemperatur erreicht – z.B. 55 °C – wird das Fleisch vom Grill genommen, und zugedeckt aber nicht eingepackt stehen gelassen. Der Druck im Innern lässt nach und der rotierende Fleischsaft holt an der Oberfläche die höhere Temperatur ab, und vermischt sich mit der im Kern herrschenden Temperatur. Nur durch diesen Austausch der fleischeigenen Wärme steigt in den nächsten 8 Minuten des Ruhenlassens die Kerntemperatur um ca. 6 °C an. Das Fleisch hat nun eine Kerntemperatur von 61 °C.
Das Fleisch kann nun mit der erreichten optimalen Temperatur genossen werden. Es ist wunderbar saftig und zart.

1 2 3

Wichtig: Alle Lebensmittel (Fleisch, Geflügel, Fisch, Gemüse, Früchte etc.) müssen mindestens 2 Stunden vor dem Grillieren aus dem Kühlschrank genommen und bei Zimmertemperatur zugedeckt stehen gelassen werden. Lebensmittel sind eine lebende Materie und es wäre für sie ein Hitzeschock, wenn sie zu kalt auf den Grill gelegt würden (Eiweiss und Wasser würden ausscheiden).
Eine lebende Materie? Ja, sonst würden unsere Lebensmittel ja nicht verderben!

Anstrich

Nein, Ueli ist nicht unter die Maler gegangen: Der sogenannte Anstrich gibt dem Braten eine optimale Farbe. Die Zutaten jeweils gut vermischen und etwa 10 Minuten vor Ende der Garzeit ein bis zwei mal auftragen.

Grill-Ueli Anstich
20 g Senf mild
20 g Sojasauce (salzreduziert)
20 g Bouillon
20 g Ahornsirup

Higanstrich
20 g Senf
20 g Bienenhonig, flüssig
20 g Olivenöl

Balsamicoanstrich
20 g Aceto balsamico
20 g Olivenöl
20 g Tomatenpüree

Der Spass kann beginnen...

Antipasti, Snacks und Vorspeisen

Die Rezepte sind für 4 Personen, falls nicht anders vermerkt

Champignon Antipasti

250 g Champignons
50 g Kräuteröl
5 g Grill-Ueli Gemüsegewürz
2-3 Zweige Majoran

Champignons rüsten und evtl. abpinseln. Das Kräuteröl über die Pilze giessen und diese wenden, bis das Öl vollständig aufgesaugt ist.

Champignons bei 180 °C ca. 8 Minuten indirekt grillieren. Die Champignons vom Grill nehmen und nach Wunsch in Scheiben, Viertel oder Würfelchen schneiden. Mit Grill-Ueli Gemüsegewürz abschmecken und mit gezupften Majoranblättchen dekorieren.

2006 Leithaberg Weiss,
E. Tinhof, Burgenland
Neuburger und Weissburgunder sind die Protagonisten dieser feinfruchtigen, komplexen Cuvee, die mit delikater Apfelfrucht, fragilem Säurespiel und Extraktsüsse zu begeistern weiss.
Tip: Reife Weissweine gewinnen mit Champignons (Pilzen) an Frische und Jugendlichkeit!

Blätterteigstangen

1 rechteckiger Blätterteig ausgewallt, 275 g
10 Tranchen Frühstück-Speck, ca. 70 g
ca. 30 g Pestosauce
ca. 30 g Grill-Ueli BBQ-Sauce
1 Eigelb
Sesamsamen, zerstossener rosé Pfeffer, Kümmel zum Bestreuen

Den Teig in 2 cm breite Streifen schneiden. 5 Streifen mit dem Speck belegen und je einen Teigstreifen auf den Speck legen. Das «Sandwich» 2-3 Mal um die Längsachse drehen.

Die restlichen Teigstreifen mit Pesto- oder BBQ-Sauce bestreichen und ebenfalls 2-3 Mal um die Längsachse drehen.

Jede Stange mit Eigelb bestreichen und nach Belieben mit den Sesamsamen oder den Gewürzen bestreuen. Sofort in das Gefrierfach legen.

Die Stangen kalt auf den Grill geben und bei 250 °C ca. 8 Minuten indirekt grillieren, bis der Teig knusprig und goldbraun ist.

Kir Côte d`Azur
Nehmen Sie dazu einen gut gekühlten, delikaten Rosé aus der Provence, fügen einen Schuss Crème de Violette hinzu, setzen sich mit der Liebe Ihres Lebens auf die Terrasse und...träumen Sie von Ihren nächsten Ferien in südlichen Gefilden.

Dörrfrucht Spiesse
mit Joghurtsauce

ca. 400 g Dörrfrüchte: Feigen, Pflaumen, Datteln, Aprikosen
ca. 300 g Trockenfleisch in feinen Tranchen, je nach Belieben Rohschinken, luftgetrockneter Speck, Bündnerfleisch, Mostbröckli etc.
Holz- oder Bambusspiesse, 20-25 cm lang
30 g frische Minzeblätter
180 g Naturjoghurt
1 Limette, 40 g Saft
1 Knoblauchzehe
2 g Salz
ca. 3 g Cayennepfeffer

Dörrfrüchte abwechslungsweise mit gerollten Fleischtranchen auf die Spiesse stecken. Bei 180 °C ca. 5 Minuten indirekt grillieren.

Die Pfefferminze fein schneiden und zusammen mit dem Limettensaft zum Joghurt geben. Den Knoblauch dazupressen und alles gut vermischen. Mit Salz und Cayennepfeffer abschmecken.

2008 Cuvee Occitane Blanc, Domaine Gayda, Languedoc
48% Grenache Blanc, 28% Marsanne, 16% Roussane & 8% Viognier. Sehr aromatischer Auftakt, Steinobst, Honig, ein wenig Rauch, am Gaumen reichhaltig, Komplexität ausstrahlend, cremiger Gaumenfluss. Ein fabelhafter Newcomer aus dem Süden Frankreichs, der glänzend auf der Klaviatur der Aromen des würzig-fruchtigen Gerichts zu spielen weiss.

Pfirsich-Prosciuttosalat

2 Pfirsiche
16 Tranchen Rohschinken, ca. 150 g
120 g junger Blattsalat
Salz und Pfeffer
15 g Olivenöl
20 g Aceto Balsamico

Pfirsiche halbieren, den Stein auslösen und in ca. 5 mm dicke Scheiben schneiden. Die Scheiben auf den heissen Grill legen und beide Seiten je ca. 30 Sekunden direkt grillieren. Den Rohschinken ebenfalls kurz direkt grillieren, wobei hier je 15 Sekunden pro Seite genügen.

Den Blattsalat auf Teller anrichten und Pfirsichscheiben und Rohschinken darauf verteilen. Mit Salz und Pfeffer würzen. Olivenöl und Aceto Balsamico darüber verteilen.

2008 Riesling Unplugged,
Weingut Tesch, Nahe
„Das Prinzip Unplugged steht im Zeitalter von austauschbaren Massenprodukten für die Besinnung auf handwerkliche Fähigkeiten". Martin Tesch vinifiziert trockene Riesling-Spätlesen mit Identität und Charakter, klarfruchtig, straff gezogen, brillant und mit echter Trinkfreude. Rock n`Roll von der Nahe: ehrlich, geradeaus und 100% unplugged!

Grill-Ueli's Flammkuchen

1 Flammkuchen- oder Pizzateig, ca. 270 g
1 Frühlingszwiebel ca. 100 g
50 g Mostbröckli
60 g Emmentalerkäse, gerieben
90 g saurer Halbrahm
1 g Kümmelsamen

Den Flammkuchenteig ausrollen. Die Frühlingszwiebel in feine Ringe, das Mostbröckli in feine Streifen schneiden. Halbrahm und Emmentalerkäse gut vermischen und auf dem Teig verteilen. Zwiebelringe, Mostbröckli und Kümmelsamen darüber verteilen. Auf dem vorgeheizten Pizzastein oder Pizzablech während ca. 4-6 Minuten auf höchster Stufe backen.

2008 Pinot Blanc Barrique,
Zahner, Zürcher Weinland
„Denn das Gute liegt so nah..."
Der Weissburgunder von Niklaus Zahner zeigt aussergewöhnliche Klasse. Reifes Steinobst, Quitte und ein zarter Honigtouch zum Auftakt. Enorm schmelzig am Gaumen, füllig und doch Frische ausstrahlend. Ein grossartiges Beispiel lokaler Winzerskunst!

Black Tiger Crevetten

8 Black Tiger Crevetten mit Schale, Grösse 6-8
10 g Grill-Ueli Fischgewürz
3 g schwarze Pfefferkörner, zerstossen
1 Zitrone, nur abgeriebene Schale

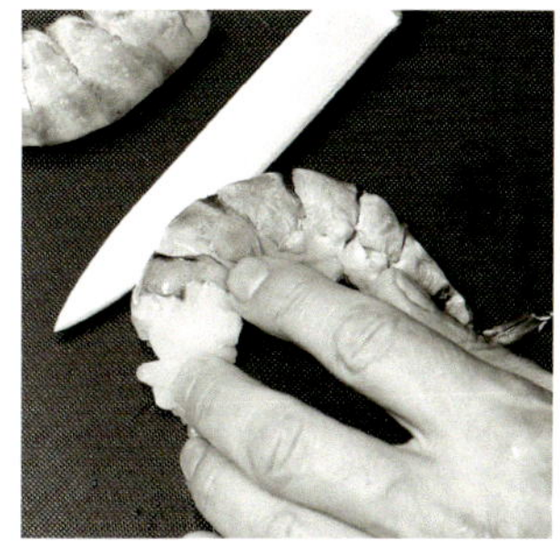

Die Unterseite der Crevetten mit der Schere links und rechts neben der Schale einschneiden. Die Haut und Beine entfernen. Crevetten bis zur Schwanzflosse von der Schale lösen. Die Crevetten auf der runden Seite der Länge nach ca. 2mm tief einschneiden und den Darm entfernen. Die restlichen Zutaten mischen, die Crevetten damit würzen und in die Schale zurücklegen. Crevetten bei 300 °C indirekt ca. 2 Minuten grillieren.

2008 Albarino do Feirreiro,
Bodegas Gerardo Mendez,
Rias Baixas
Albarino ist ein Charakterwein und formidabler Speisenbegleiter, besonders zu Fisch-und Meeresgetier. Die Brücke zwischen Frucht, Mineralität, vegetabilen Aromen, Filigranität und Nachhaltigkeit ist nur schwer zu schlagen und gelingt folglich nur einem Klassewinzer.

Foccacia

Für den Teig:
500 g Hartweizenmehl, plus Mehl für die Arbeitsfläche
7 g Trockenhefe
30 g Olivenöl
5 g Salz
ca. 300 g lauwarmes Wasser
Für den Belag:
30 g entsteinte Oliven
1 Peperoncino, ca. 20 g
20 g Kapern
4-5 Thymianzweige
20 g Olivenöl

Für den Teig Mehl, Hefe, 30 g Olivenöl, Salz und ca. 250 g Wasser mischen und zu einem glatten, elastischen Teig kneten. Sollte die Masse zu trocken sein etwas Wasser dazugeben. Mit Olivenöl bepinseln und an einem warmen Ort auf das doppelte aufgehen lassen.

Den Teig auf einer bemehlten Arbeitsfläche nochmals kurz durchkneten und zu einem ca. 15 mm dicken Fladen formen. Nochmals 15 Minuten ruhen lassen.

Mit einem Kellenstiel mehrere Vertiefungen in den Teig drücken. Die Oliven und den Peperoncino in Scheiben schneiden und zusammen mit den Kapern und dem Thymian über die Foccacia verteilen.

Auf dem vorgeheizten Pizzastein oder Pizzablech während ca. 10-12 Minuten auf höchster Stufe backen.

Vom Grill nehmen und mit dem restlichen Olivenöl beträufeln.

Machen Sie doch bei der nächsten Einladung die Probe aufs Exempel und servieren Sie Ihren Gästen einen gut gekühlten, trockenen Sherry, einen Fino oder einen Manzanilla aus der Gegend um Jerez. Unvergleichlich sind die frischen und pikanten Aromen, wie nach Mandeln und noch ausgeprägter nach Meersalz beim Manzanilla.

Meatballs

40 g Haselnüsse
600 g Hackfleisch vom Rind
1 Ei
10 g Olivenöl
15 g Grill-Ueli Fleischgewürz
30 g glattblättrige Petersilie
40 g Paniermehl

Die Haselnüsse grob hacken und mit den restlichen Zutaten gut vermischen. Mundgerechte Kugeln formen. 3-4 Meatballs auf einen Holzspiess (oder Haselzweig) stecken und bei 180 °C ca. 15 Minuten indirekt grillieren.

In der sommerlichen Hitze wählen Sie einen erfrischenden Cava von Sumarroca mit zarten Hefeanklängen aus dem Penedés. Bei kühleren Temperaturen munden auch bekömmlich-delikate Rotweine wie der Merlot Grands Vins Globus aus Ligornetto ausgezeichnet zu den würzigen Klassikern.

Pancetta Spargeln

12 grüne Spargeln, ca. 500 g
36 Tranchen Pancetta, ca. 250 g
5 g schwarze Pfefferkörner

Spargeln putzen und anschneiden. Jeweils 3 Tranchen Pancetta um einen Spargel wickeln. Bei 180 °C ca. 20 Minuten indirekt grillieren. Mit grob zerstossenem Pfeffer bestreuen und warm servieren.

2009 Gewürztraminer,
Weingut zur Sonne, Jenins
Hinreissender Blütenduft, zarte Exotik (Lychees), dabei feingliedrig und finessenreich mit enormer Länge. Eine Offenbarung zu Spargelgerichten und exotischen Speisen!

Kräuterfrittata

40 g glatte Petersilie
50 g gemischte Kräuter, z.B. Dill, Majoran, Estragon...
6 Eier
50 g Parmesan, gerieben
100 g Mascarpone
15 g Olivenöl
5 g Grill-Ueli Gemüsegewürz
Pfeffer aus der Mühle
80 g Zucchetti

Die Kräuter grob schneiden. Eier, Parmesan, Mascarpone und Olivenöl gut miteinander vermischen. Kräuter und Gewürze mit der Eimasse vermischen. Die Zucchetti in feine Scheiben schneiden und in eine gefettete, feuerfeste Form geben. Die Eier-Kräutermasse darüber giessen und bei 180 °C ca. 30 Minuten indirekt grillieren bis die Masse fest und leicht gebräunt ist.

Etwas auskühlen lassen und auf einen Teller stürzen.

2008 Alastro, Planeta, Sizilien
Grecanico und 10% Chardonnay aus dem Barrique sind die Hauptdarsteller dieser verlockenden Assemblage. Betörend der Duft nach Mispel, wildem Thymian und rosa Grapefruit. Am Gaumen seidig und trotzdem lebhaft (weisser Pfirsich), komplexes Finish.

Aillerons

600 g Pouletaillerons (Flügelteile)
5 g frischer Majoran
10 g Petersilie
20 g Olivenöl
15 g Grill-Ueli Geflügelgewürz
20 g grobkörniger Senf
2-4 g Tabasco-Sauce
1 Zitrone, 60 g Saft und abgeriebene Schale

Majoran und Petersilie fein schneiden und mit den restlichen Zutaten vermischen. Die Aillerons mindestens 4 Stunden darin marinieren.
Bei 180 °C ca. 25 Minuten indirekt grillieren, bis eine Kerntemperatur von 70 °C erreicht ist.
Mit Grill-Ueli's BBQ Sauce servieren.

2008 Pinot Noir Auslese,
Weingut Baumann, Schaffhausen
Rote Kirschen und schwarze Johannisbeeren in der Nase, Gewürze, bezaubernder Gaumenfluss und eine charmante Bittermandelnote im Finale. Ein Idealbeispiel eines Pinot Noir aus dem Klettgau, der in der Harmonie mit dem pikanten Geflügel völlig aufgeht.

Jakobs Spiesse

12 Jakobsmuscheln (Coquilles St. Jacques), ca. 500 g
12 Tranchen Rohschinken, ca. 120 g
12 Rosmarinzweige
30 g Olivenöl
1 Peperoncino
1 Zitrone, Saft und Zesten
10 g Grill-Ueli Fischgewürz

Die Jakobsmuscheln mit je einer Tranche Rohschinken umwickeln.

Von jedem Rosmarinzweig am unteren Ende einige Nadeln abstreifen und den Zweig schräg anschneiden. Die Muscheln sorgfältig auf die Zweige stecken.

Die abgestreiften Rosmarinnadeln fein schneiden und den Peperoncino in Ringe schneiden. Beides mit einem Drittel des Olivenöls in einer feuerfesten Form auf dem Grill kurz dünsten. Das aromatisierte Olivenöl vom Grill nehmen. Mit Zitronensaft, Zesten und dem restlichen Öl und Grill-Ueli Fischgewürz mischen.

Die Spiesse auf beiden Seiten je ca. 1-2 Minuten direkt grillieren. Mit dem Gewürzöl beträufeln.

2008 Chablis Terroir de Courgis,
P. Piuze, Chablis
Der zweite Jahrgang des Jungstars Patrick Piuze, der wieder Lust auf Chablis macht. Feine Birnenfrucht, Wiesenkräuter und zitronige Nuancen dominieren zu Beginn. Am Gaumen zeigt sich eine herrliche Mineralität und frische Struktur. Ein Wein für Kenner und immer wieder eine Réussite zu Meeresfrüchten.

Rindshuftrollen
auf Zitronengras

8 Tranchen Schnitzelfleisch von der Huft ca. 2-3 mm dick, ca. 500 g
50 g Sojasauce
10 g Grill-Ueli Fleischgewürz
8 Stängel Zitronengras
16 Pfefferminzblätter
Chiliflocken, nach Belieben

Die Fleischtranchen leicht klopfen. Sojasauce und Grill-Ueli Fleischgewürz in einem tiefen Teller vermischen und das Fleisch darin für mindestens 1 Stunde marinieren.

Die Zitronengrasstängel längs 10 cm einschneiden. Das Fleisch aus der Marinade nehmen. Je ein Ende einer Tranche in den Schnitt der Zitronengrasstängel stecken und zusammen mit 2 Pfefferminzblättern satt aufrollen. Chiliflocken darüber streuen und bei 180 °C ca. 20 Minuten indirekt grillieren.

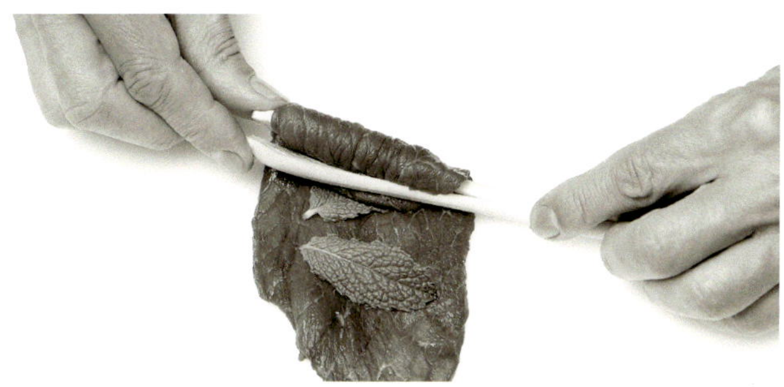

2009 Grüner Veltliner
Alte Reben, G. Markowitsch,
Carnuntum
Von gut 40–jährigen Reben durch Selektion per Hand Ende Oktober geerntet. In der Nase würzige Noten und gelbe Steinobstfrucht anzeigend. Sehr feine Textur am Gaumen, wirkt saftig und mustergültig in der Balance. Grüner Veltliner ist generell eine grandiose Empfehlung zur asiatisch inspirierten Küche.

Salz Chnusperli

1 Pizzateig, rund ausgewallt, Ø 32 cm
45 g Olivenöl
5 g Meersalz

Pizzateig auslegen, mit Olivenöl bestreichen und mit Meersalz bestreuen.

Pizzastein auf dem Grillrost bei 300 °C gut vorheizen. Den Teig mit der Schaufel auf den Stein legen und bei 300 °C ca. 4 Minuten backen.

2009 Riesling Sylvaner, Weingut zur Sonne, Graubünden. Christian Obrechts Riesling Sylvaner ist durch eine spezielle Kellertechnik andersartig, ja fast revolutionär. Mit seiner saftigen, zart blumigen und knackigfrischen Art ist er ein bezauberder Begleiter zum Salz Chnusperli.

Salsas

Tomatensalsa

400 g Rispentomaten
4 Frühlingszwiebeln ca. 250 g
2 Peperoncini
1 Limette, 40 g Saft und abgeriebene Schale
3 g Salz
20 g Olivenöl
20 g frischer Koriander

Tomaten, geputzte Frühlingszwiebeln und Peperoncini bei 180 °C ca. 10 Minuten indirekt grillieren. Etwas auskühlen lassen.

Die Tomaten schälen und mit den Zwiebeln grob schneiden. Peperoncini längs halbieren, den Stiel und die Samen entfernen und fein schneiden. Alles mit der abgeriebenen Limettenschale und dem Salz im Mörser zerstossen. Olivenöl und Limettensaft dazugeben und gut mischen.

Korianderblätter zupfen und kurz vor dem Servieren unter die Salsa mischen.

Mais Granatapfelsalsa

1 Granatapfel
1 Maiskolben, gegrillt nach Rezept Seite 126
1 kleine Frühlingszwiebel, ca. 50 g
30 g frische Ingwerwurzel
20 g Reisessig
20 g Sesamöl
3 g zerstossener, schwarzer Pfeffer
3 g gemahlener Kreuzkümmel

Granatapfel vierteln, die Kerne auslösen und mit dem Saft in einer Schüssel auffangen. Die Maiskörner vom Kolben schneiden und mit den Granatapfelkernen vermengen. Ingwer und Frühlingszwiebel fein schneiden und zu den restlichen Zutaten geben. Alles gut vermischen und 1-2 Stunden ziehen lassen.

Kräutersalsa

1 Zucchetti, ca. 300g
2 Knoblauchzehen
30 g glatte Petersilie
20 g Dill
20 g Estragon
10 g Majoran
15 g Pfefferminze
3 g zerstossene, schwarze Pfefferkörner
30 g fruchtiger Rotweinessig
30 g Olivenöl
3 g Salz

Zucchetti auf dem heissen Grill rundum direkt grillieren bis sie leicht angebräunt ist.

Etwas auskühlen lassen und in kleine Würfel schneiden. Knoblauch schälen und fein schneiden. Kräuter grob schneiden und alles zusammen mit den restlichen Zutaten vermischen.

Ananassalsa

½ frische Ananas, geschält ca. 400 g
1 rote Zwiebel, ca. 150 g
15 g frische Pfefferminze
1 Limette, 40 g Saft und geriebene Schale
1-2 kleine, grüne Chili
2 g Salz

Die Ananas in 2 cm dicke Scheiben schneiden und 3-4 Minuten direkt grillieren bis sie leicht gebräunt sind. Etwas auskühlen lassen.
Zwiebeln und Ananasscheiben grob schneiden. Pfefferminzblätter und Chili fein schneiden und mit der Ananas, den Zwiebeln und dem Salz vermischen. 1-2 Stunden marinieren lassen.

Kalbshuft Carpaccio

350 g Kalbshuft
60 g Sbrinz gereift, gehobelt
60 g Olivenöl
20 g weisser Balsamico-Essig
80 g Ruccola
4 g Gemüsegewürz
4 Stück Toastbrot
Salz und Pfeffer aus der Mühle

Kalbshuft ungewürzt im vorgeheizten Grill bei 180 °C ca. 20 Minuten indirekt grillieren, bis eine Kerntemperatur von 38 °C erreicht ist. 5 Minuten ruhen lassen.

Toastbrot bei 200 °C kurz anrösten. Ruccolasalat auf dem Teller anrichten und mit Gemüsegewürz bestreuen.

Kalbshuft fein aufschneiden und auf dem Salat anrichten. Mit Sbrinz belegen und mit Olivenöl und Balsamico-Essig beträufeln. Mit Salz und Pfeffer abschmecken.

2009 Petite Arvine, C. Flaction, Wallis
Typizität und die Schaffung höchster Komplexität ist das Credo des leidenschaftlichen Önologen. Ein eindruckvolles Beispiel ist sein Petite Arvine, welcher hier einen fulminanten Auftritt zum Carpaccio hinlegt. Die phänomenale gelbe Steinobstfrucht und sein zarter Hauch an Salzigkeit ist schlichtweg ein Lehrbeispiel an Harmonie zur Kalbshuft, Parmesan und Ruccola.

Poulet Satay

8 Pouletbrustfilets, ca. 250 g
40 g Grill-Ueli's BBQ-Sauce
1 kleine Frühlingszwiebel
8 Holz- oder Bambusspiesse

Die Spiesse für mindestens 10 Minuten in Wasser einlegen.

Pouletfilets längs auf die Spiesse stecken. Auf dem Grill bei 180 °C ca. 6 Minuten indirekt grillieren. Pouletfilets vom Grill nehmen und mit BBQ-Sauce bestreichen. Die Frühlingszwiebel in Ringe schneiden und über die Satays verteilen.

2007 Viognier, Bogle Vineyards, Californien.
Der Viognier duftet verführerisch nach Blütenwiese, Akazie und Honig, zeigt sich cremig am Gaumen und lässt sich so grandios mit den Poulet Satay und Ueli`s würziger BBQ-Sauce paaren.

Polentawürste

8 kleine Polentawürste von Grill-Ueli, erhältlich bei Grill-Ueli in der Keller Gourmet-Metzg in der ***delicatessa im Globus Glattzentrum
1 Fenchel mit Kraut, ca. 300 g
20 g Olivenöl
15 g fruchtiger Weissweinessig
7 g Wodka
Salz und Pfeffer

Den Fenchel putzen und das Kraut fein schneiden. Den Fenchel in feinste Scheiben schneiden. Olivenöl, Essig, Wodka, Salz und Pfeffer vermischen. Fenchel und Kraut mit der Sauce mischen und 1 Stunde marinieren lassen.

Die Polentawürste mehrmals im Abstand von 5 mm fein einschneiden. Dabei darauf achten, dass nur die Haut eingeschnitten wird. Bei ca. 180 °C 12 Minuten indirekt grillieren, zum Schluss kurz direkt grillieren bis sie schön braun sind. Den Fenchel und die Würste in Martini Gläser anrichten.

2008 Sauvignon Blanc Menade, Terna Bodega, Rueda.
Sauvignon blanc harmoniert generell ausgezeichnet mit Gemüse und im speziellen Fall ergänzt er den ätherischen Fenchel vortrefflich! Herrliche Aromen nach Passionsfrucht und Limes, dabei wunderbar verspielt und ein hinreissend - bekömmlicher Trink-Spass-Wein!
Eine freche Variante dazu wäre ein Vodka Martini.

VICTORINOX

Die Höhepunkte...

Beilagen und Hauptspeisen

Die Rezepte sind für 4 Personen,
falls nicht anders vermerkt

T-Bone!

Für 2 Personen:
1 T-Bone-Steak, ca. 700 g
Meersalz
3 g schwarze Pfefferkörner, zerstossen

Das Fleisch rechtzeitig aus dem Kühlschrank nehmen, damit es Zimmertemperatur erreichen kann. Das Steak bei starker Hitze direkt grillieren. Nach 3-4 Minuten wenden und nochmals 3-4 Minuten grillieren, bis die Kerntemperatur 51 °C beträgt. Vor dem Servieren 6 Minuten ruhen lassen.

Mit Salz und Pfeffer würzen.

Zu solch einem Stück Fleisch dürfen Sie das Beste auftragen, was Ihr Weinkeller hergibt – einzig und allein Erhaben sollte es sein! Ein edler Wein aus dem Priorat (Cims de Porreira), ein grosser Toskaner wie z.B. Flaccianello, ein mächtiger, dennoch seidiger Chateauneuf-Du-Pape von Le Clos du Caillou oder ein wuchtiger Malbec oder Cabernet aus der Neuen Welt.
Lassen Sie Ihrer Lust freien Lauf und geniessen Sie hemmungslos!

Baked Potatoes mit Sauerrahm

4 fest kochende mittelgrosse Kartoffeln
1 Becher Sauerrahm, 180 g
30 g gemischte Gartenkräuter: Schnittlauch, Petersilie, Dill
5 g Grill-Ueli Gemüsegewürz

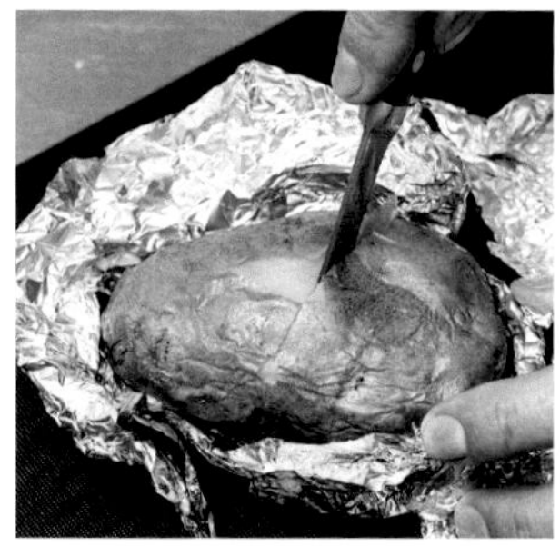

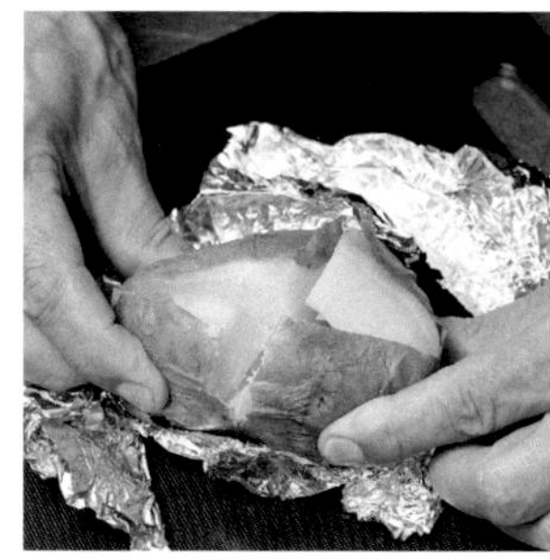

Die Kartoffeln waschen und in Alufolie einwickeln. Bei 200 °C ca. 60 Minuten indirekt grillieren. Die Gartenkräuter fein schneiden, mit Sauerrahm und Grill-Ueli Gemüsegewürz mischen.

Die Folie der Baked Potatoes öffnen, die Kartoffeln kreuzweise tief einschneiden und etwas auseinander drücken. Mit dem gewürzten Sauerrahm füllen. Mit frischen Gartenkräutern dekorieren.

Gewürzbutter

Gewürzbutter passt ideal zu kurz gebratenen Steaks, gegrilltem Gemüse oder knusprig gegrilltem Brot.

Koriander-Rosépfefferbutter

250 g weiche Butter
10 g Rosépfeffer, zerstossen
3 g Salz
5 g Korianderblätter, geschnitten

Paprikabutter

250 g weiche Butter
10 g Grill-Ueli Gemüsegewürz
30 g Paprika
30 g Zwiebeln, fein geschnitten
2 3 Knoblauchzehen, gepresst

Currybutter

250 g weiche Butter
3 g Salz
20 g Currypulver
1 Limette, nur die abgeriebene Schale

Kräuterbutter

250 g weiche Butter
10 g Grill-Ueli Gemüsegewürz
Je 15 g Estragon, Rosmarin und Petersilie, die Blätter/Nadeln fein geschnitten

Anleitung:
Butter mit dem Rührgerät 10 Minuten schaumig rühren. Die Gewürze und Kräuter mit der Butter vermischen und nochmals 5 Minuten weiterrühren. Die Masse auf eine Alufolie geben und zu einer Rolle formen oder in kleine Schälchen verteilen. Im Kühlschrank fest werden lassen.

QUALITÄTSWETTBE
GOLD
SFF
UPSV
UPSC
2009

Whiskywurst Burger

4 Whiskywurstschnecken, je ca. 120 g, erhältlich bei Grill-Ueli in der Keller Gourmet-Metzg in der ***delicatessa im Globus Glattzentrum
2 Salzgurken ca. 200 g
4 Buns (Burger-Brötchen)
80 g Grill-Ueli's BBQ-Sauce
30 g Ruccola oder Brunnenkresse

Die Wurstschnecken bei 180 °C ca. 12 Minuten indirekt grillieren und zum Schluss kurz direkt grillieren bis sie schön braun sind.

Die Salzgurken in Scheiben schneiden.

Die Buns aufschneiden und kurz direkt grillieren. Die unteren Teile der Buns mit Grill-Ueli's BBQ-Sauce bestreichen und die Gurkenscheiben darauf verteilen. Je eine Wurstschnecke darauf legen und den Ruccola darüber verteilen und verschliessen.

Schwarzer Kristall,
Brauerei Locher, Appenzell
Schwarzer Kristall ist ein Bier von undurchdringlicher Farbe, schokoladigen Nuancen, die getragen werden von Röstaromen (Kaffee) und einem dunkelbeerig nachwirkenden Finish.
Die geschmeidig-malzige Textur am Gaumen ist wie geschaffen für Ueli`s meisterliche Whisky-Bratwurst und eine überraschende Liaison obendrein - unbedingt probieren!

Entrecôte double mit Mandelkruste

Für 2 Personen
1 Entrecôte double, ca. 600 g
12 g Grill-Ueli Fleischgewürz
50 g Mandeln, geschält
20 g Frühlingszwiebel, fein geschnitten
20 g Petersilie, Rosmarin, Oregano grob geschnitten
5 g Grill-Ueli Gemüsegewürz
3 g schwarzer Pfeffer, zerstossen
20 g Olivenöl

Das Fleisch rechtzeitig aus dem Kühlschrank nehmen, damit es vor dem Grillieren Zimmertemperatur erreicht. Mit dem Grill-Ueli Fleischgewürz einreiben.

Die Mandeln kurz rösten und danach im Cutter fein hacken. Mit den Kräutern, Gewürzen und dem Öl gut vermischen.

Das Entrecôte auf beiden Seiten ca. je 1 Minute direkt grillieren. Zur Seite schieben und mit der Mandel-Kräutermasse dick bestreichen.

Bei 180 °C ca. 20 Minuten indirekt weiter grillieren, bis die Kerntemperatur 51 °C beträgt.

Vor dem Aufschneiden 6 Minuten ruhen lassen.

2007 Gagliole IGT,
Antico Podere Gagliole, Toscana
Sangiovese und Cabernet Sauvignon
Beeindruckende rote und schwarze (Johannis)-Beerenfrucht, Röstaromen von der Barrique, Würze, alles perfekt integriert mit dichtem, aber seidig-weichem Tannin – grosses Potenzial anzeigend. Ein wahrlich aristokratischer Wein zum Festtagsschmaus und diesmal zum edlen Rind.

Gefüllte Kartoffeln

4 Kartoffeln, je ca. 200 g, in Alufolie gewickelt
1 rote Peperoni
80 g Lauch
80 g Olivenöl
20 g Grill-Ueli Gemüsegewürz

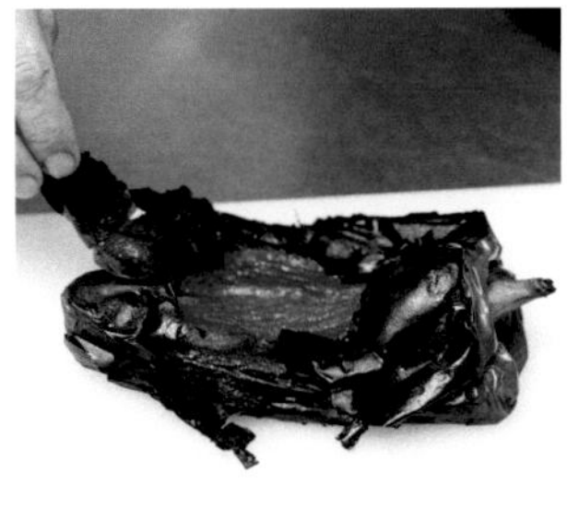

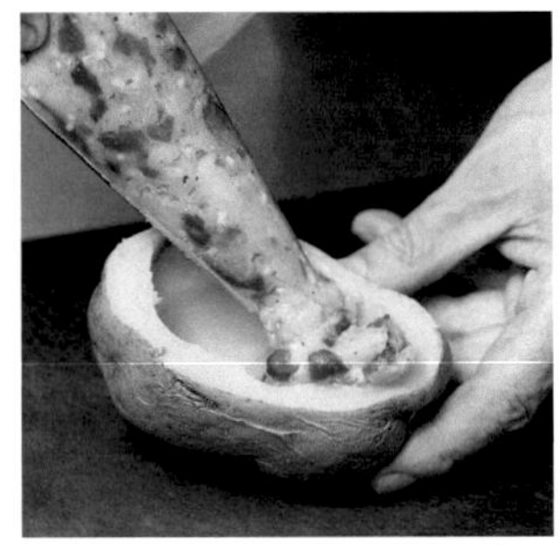

Kartoffeln in der Alufolie ca. 60 Minuten bei 200 °C indirekt grillieren. Peperoni ca. 10 Minuten auf allen Seiten direkt grillieren bis die Haut Blasen wirft. Sofort in einen Plastiksack geben, verschliessen und 5 Minuten liegen lassen.

Dann sorgfältig die Haut ablösen und das Kerngehäuse entfernen Die Peperoni in feine Würfel schneiden.

Die Kartoffeln aus der Folie nehmen und etwas auskühlen lassen. Von den Kartoffeln quer einen Deckel wegschneiden und mit einem Pariserlöffel aushöhlen. Die ausgelöste Kartoffelmasse fein schneiden. Lauch sehr fein schneiden. Mit der Kartoffelmasse, Peperoni, Olivenöl und Gewürz mischen. Die Masse in die Kartoffelschalen füllen. (Dazu eignet sich ein Spritzsack.) Gefüllte Kartoffeln ca. 10 Minuten bei 180 °C indirekt grillieren.

Lammgigot

Für 6-8 Personen
1 Lammgigot, ca. 2.5 kg
60 g Grill-Ueli Fleischgewürz
60 g Olivenöl
1-3 Knoblauchzehen
Anstrich nach Wunsch, siehe Seite 15

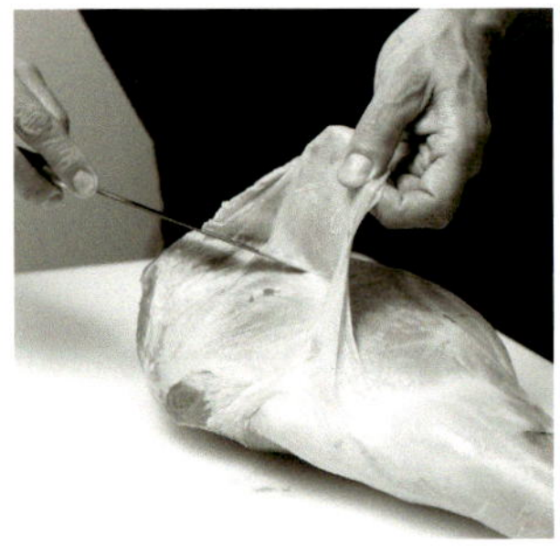
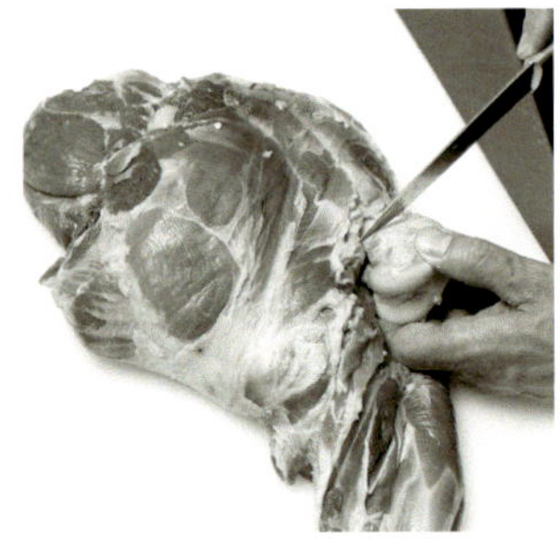
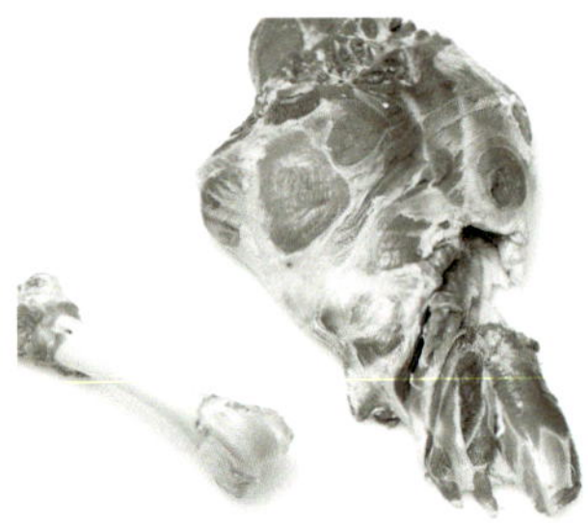
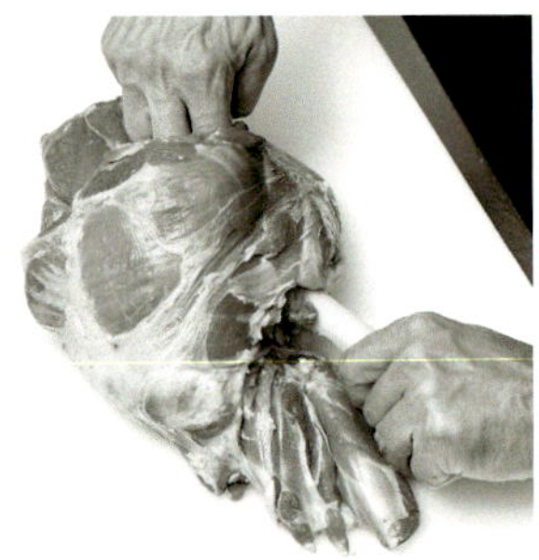
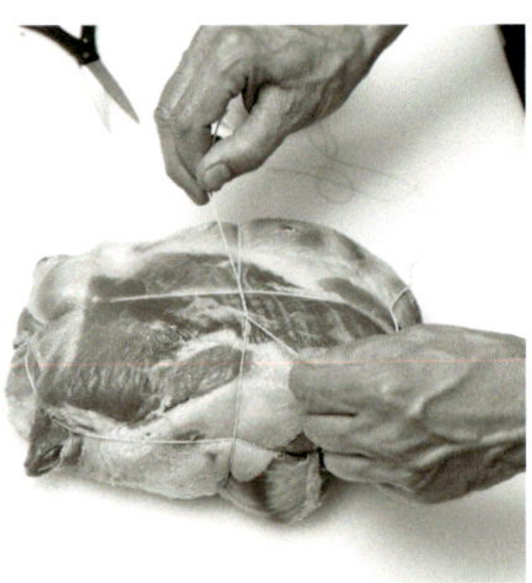

Die äussere Haut vom Gigot entfernen. Um eine regelmässige Gartemperatur zu erhalten, wird der Unterschenkelknochen entfernt. Den Oberschenkelknochen an beiden Enden ebenfalls von den Sehnen und dem Fleisch lösen. Den Knochen hohl herauslösen. Den Oberschenkelknochen wieder an seinen ursprünglichen Ort stecken (der Knochen trägt zum feinen Geschmack bei). Das Fleisch zu einem rundlichen Braten formen. Gut zusammenbinden und Rosmarinzweige unter die Schnur stecken.

Knoblauch fein schneiden und mit dem Olivenöl und dem Grill-Ueli Fleischgewürz vermischen. Den Braten mit der Marinade bestreichen und 12 Stunden marinieren lassen.

Bei 180 °C ca. 75 Minuten indirekt grillieren, bis eine Kerntemperatur von 55 °C erreicht ist.
10 Minuten vor Garende mit dem Anstrich bestreichen. Vor dem Aufschneiden 10 Minuten ruhen lassen. Die Schnur entfernen und den Knochen herausziehen und tranchieren.

2007 Les Quartz
Côte du Rhône,
Le Clos du Caillou, Rhônetal
85% Grenache, 15% Syrah
Pure Zwetschgenfrucht, Steinobst, Vogelkirsche, aber auch mineralische Noten nach Feuerstein. Am Gaumen eine überragende Seidigkeit, Pflaumenkompott, geröstete Cacaobohnen und ein betörendes Finale. Ein Weintraum zu Lamm!

Ratatouille

1 kg Gemüse: Auberginen, Zucchetti, Tomaten, Peperoni, Zwiebeln
30 g Kräuter: Salbei, Rosmarin, Oregano
30 g Grill-Ueli Gemüsegewürz
40 g Olivenöl
100 g Weisswein

Gemüse rüsten und in mundgerechte Stücke schneiden. Mit den restlichen Zutaten gut vermischen und in einer feuerfesten Form bei 180 °C ca. 35 Minuten indirekt grillieren.

Gefüllte Pouletbrust

4 Pouletbrüste (Suprème), ca. 700 g, mit Haut und Flügelteil
20 g Basilikumblätter
80 g Ricotta
30 g Parmesankäse, gerieben
4 g rosé Pfeffer, zerstossen
Salz und Pfeffer
20 g Olivenöl
15 g Grill-Ueli Geflügelgewürz

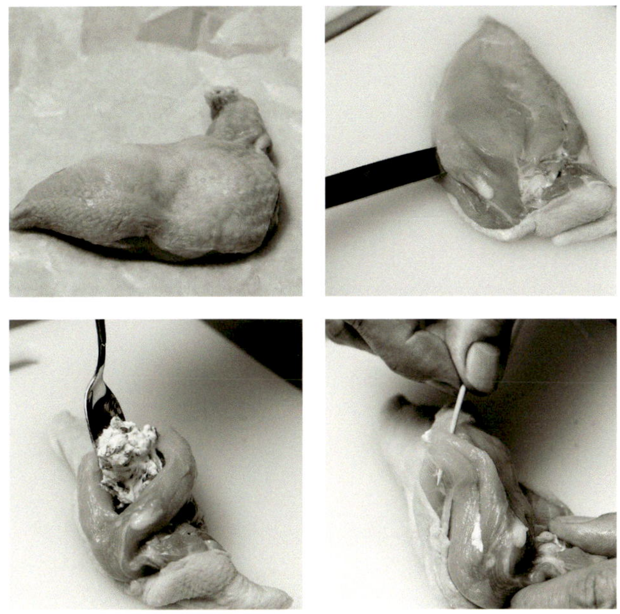

In die Pouletbrüste eine Tasche schneiden. Basilikum fein schneiden und mit dem Ricotta, dem Käse und den Gewürzen gut vermischen. Etwa ¼ des Öls daruntermischen. Die Füllung in die Taschen der Pouletbrüste verteilen und diese mit einem Zahnstocher gut verschließen.

Das restliche Öl mit dem Grill-Ueli Geflügelgewürz vermischen. Die Brüste damit bepinseln und 1 Stunde marinieren lassen.

Mit der Hautseite nach unten 2 Minuten bei guter Hitze direkt grillieren. Dann bei 180 °C ca. 15 Minuten indirekt fertig garen.

2008 Pinot Noir Auslese,
Weingut Baumann, Schaffhausen
Rote Kirschen und schwarze Johannisbeeren in der Nase, Gewürze, bezaubernder Gaumenfluss und eine charmante Bittermandelnote im Finale. Ein Idealbeispiel eines Pinot Noir aus dem Klettgau, der in der Harmonie mit dem pikanten Geflügel völlig aufgeht.

Asiatisches Wokgemüse

Für die Sauce:
250 g Kokosmilch
200 g Gemüsebouillon
60 g Sojasauce, salzreduziert
3 g Currypulver
20 g Grill-Ueli Gemüsegewürz
Gemüse:
100 g Olivenöl
20 g Ingwerwurzel, in Scheiben geschnitten
1 Stängel Zitronengras halbiert und zerdrückt
je 150 g Blumenkohl- und Broccoliröschen
150 g Minimais
150 g Okra
150 g Karotten in Scheiben geschnitten
50 g Zwiebelringe

Für die Sauce alle Zutaten mischen und im Wok (oder in einer grossen, feuerfesten Form) auf dem Grill auf die Hälfte einköcheln. Die Sauce in ein anderes Gefäss giessen.

Im gleichen Wok das Olivenöl erwärmen und den Ingwer und das Zitronengras darin kurz andämpfen und wieder herausnehmen. Im aromatisierten Öl die Gemüse bissfest garen. Die Sauce dazugiessen, kurz aufkochen und sofort servieren.

Kalbsrack

Für 6 Personen:
I Kalbsrack, ca. 1.2 kg, vom Metzger die Rippen anlösen und binden lassen
45 g Grill-Ueli Fleischgewürz
2 g schwarzer Pfeffer, zerstossen
50 g flüssige Butter
Anstrich nach Wunsch Seite 15

Kalbsrack kalt abspülen und gut trocknen. Grill-Ueli Fleischgewürz, Pfeffer und Butter vermischen. Das Fleisch damit gleichmässig einreiben und mindestens 4 Stunden im Kühlschrank ziehen lassen. 2 Stunden vor dem Grillieren aus dem Kühlschrank nehmen.

Kalbsrack bei 180 °C ca. 90 Minuten indirekt grillieren, bis die Kerntemperatur von 57 °C erreicht ist. 10 Minuten vor Garende mit dem Anstrich bestreichen.

Vor dem Servieren 10 Minuten ruhen lassen.

2007 Beaune Clos du Roi 1er Cru, Domaine Tollot-Beaut, Burgund
Ueli`s zartes Paradestück vom Kalb verlangt nach edelstem Geleit und sollte vom Wein nicht übertrumpft werden. Brillanz, unverfälschte Frucht und Würze sowie dezenter Holzeinsatz sind Attribute, die eine himmlische Verbindung mit dem Kalbfleisch eingehen.

Gewürzöle

Gewürzöle eignen sich hervorragend zum Marinieren von Fleisch oder Gemüse. Auch gegrilltem Brot, Gemüse oder Salaten verleihen sie interresante Geschmacksnoten.

Zitronenöl

2 Zitronen, nur die Schalen
2 Zweige Zitronenmelisse
500 g Olivenöl

Zitronen und Melisse waschen und trocknen. Von den Zitronenschalen Zesten schneiden und zusammen mit den Melissenzweigen in eine gut ausgewaschene Flasche geben, mit Olivenöl auffüllen und gut verschliessen. Mindestens eine Woche an einem dunklen, kühlen Ort ziehen lassen.

Kräuteröl

1 Zweig Rosmarin
3 Lorbeerblätter
3 Zweige Thymian
4 g gemischte Pfefferkörner
3 g Koriandersamen
500 g Olivenöl

Kräuter gut waschen und trocknen. Kräuter, Pfeffer und Koriandersamen in eine gut ausgewaschene Flasche geben und mit dem Öl aufgiessen und gut verschliessen. Mindestens eine Woche an einem dunklen, kühlen Ort ziehen lassen.

Knoblauchöl

10 Knoblauchzehen
2 g Chiliflocken
500 g Olivenöl

Knoblauch schälen und in dünne Scheiben schneiden. Auf dem Grill in einer feuerfesten Form mit wenig Öl hellbraun rösten. Zusammen mit den Chiliflocken in eine gut ausgewaschene Flasche geben, mit Olivenöl auffüllen und gut verschliessen. Mindestens eine Woche an einem dunklen, kühlen Ort ziehen lassen.

Pouletunterschenkel
mit karamellisierten Orangenfilets

8 Pouletunterschenkel, ca. 800 g
20 g Grill-Ueli Geflügelgewürz
4 Zweige Thymian
4 Orangen
50 g Akazienhonig
25 g Aceto Balsamico, reif

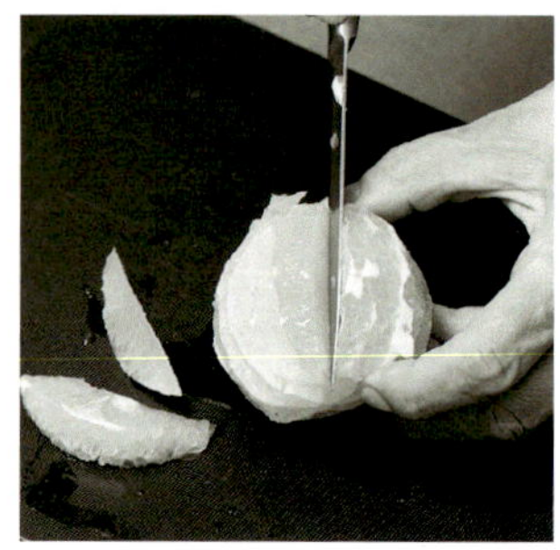

Die Unterschenkelhaut zurück ziehen und das Fleisch mit der Hälfte vom Grill-Ueli Geflügelgewürz einreiben. Mit Thymian belegen, Haut darüber ziehen und mit dem restlichen Gewürz einreiben. 4 Stunden marinieren lassen.

Von den Orangen die Schale mitsamt der weissen Haut abschneiden und sie dann filetieren, mit Honig und Balsamico vorsichtig vermengen.

Pouletunterschenkel bei 180 °C ca. 25 Minuten indirekt grillieren bis eine Kerntemperatur von 72 °C erreicht ist.

Orangenfilets in einer feuerfesten Form bei 180 °C ca. 10 Minuten erwärmen.

Die Pouletschenkel kurz vor Ende der Garzeit mit dem Saft der Orangen bepinseln.

2008 Tabula Rasa, Domaine des Enfants, Vin de Pays des Côtes Catalanes
Spektakuläres Bouquet nach reifen, gelben Früchten, Orangenblüten, wilden Kräutern. Sündhaft, komplex und absolut beeindruckend am Gaumen. Dieser Wein verlangt schier nach mediterraner Kost und weissem Fleisch.

Gefüllte Peperoni

8 kleine Peperoni ca. 300 g
150 g Gemüse: z.B. Zucchini, Tomaten, Auberginen, Zwiebeln
50 g Ziegen-Frischkäse
30 g Kräuter: Basilikum, Oregano, glatte Petersilie
2 g schwarze Pfefferkörner
20 g Olivenöl
2 g Salz

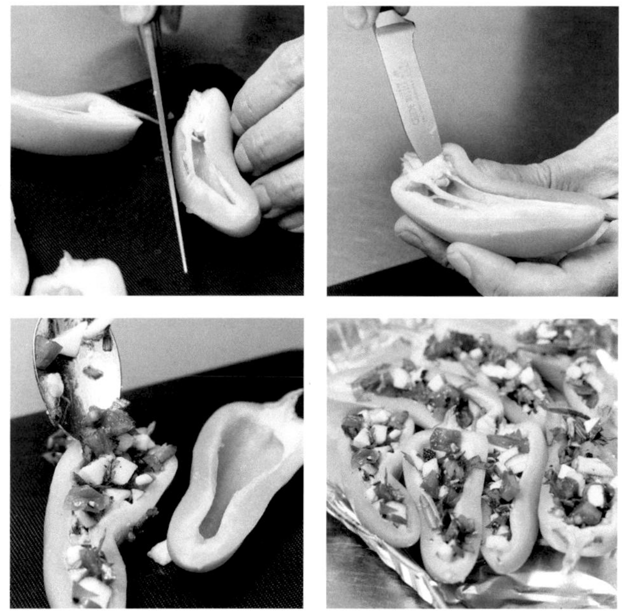

Die Peperoni längs halbieren und die Kerne entfernen. Das Gemüse und den Käse in feine Würfel schneiden. Die Kräuter grob schneiden, die Pfefferkörner zerstossen. Alles zusammen mit dem Öl vermischen, mit Salz abschmecken und in die Peperonihälften füllen. Ca. 25 Minuten bei 180 °C indirekt grillieren.

Spareribs

4 Spareribs, ca. 1,5 kg (vom Schwein)
1-2 Knoblauchzehen
1 Chilischote
1 kleine Zwiebel
50 g Olivenöl
100 g geschälte Tomaten (aus der Dose)
250 g Rotwein
15 g Rotweinessig
15 g Honig
40 g Grill-Ueli Fleischgewürz

Die Haut auf der Knochenseite der Ribs entfernen. Für die Marinade den Knoblauch, die Zwiebel und die Chilischote fein schneiden. Mit den restlichen Zutaten in einem Topf kurz aufkochen und 10 Minuten köcheln lassen. Die Marinade im Cutter pürieren.

Die Spareribs mit der Marinade bepinseln und über Nacht im Kühlschrank ziehen lassen. Das Fleisch ca. 2 Stunden vor dem Grillieren aus dem Kühlschrank nehmen. Die Spareribs aus der Marinade nehmen, Marinade beiseite stellen.

Bei 180 °C ca. 40 Minuten indirekt grillieren. Die Ribs mit Marinade bestreichen und in Alufolie einwickeln. Weitere 20 Minuten grillieren.

2007 Petite Sirah,
Bogle Vineyards, Kalifornien
Bogle`s Spezialität ist geprägt von schwarzer Pflaumenfrucht, leckeren Brombeernoten und leichten Anklängen an Toast und Vanille. Diese gewinnenden Charakteristiken gehen eine vorzügliche Verbindung mit den herzhaften Spareribs und gerilltem Schweinfleisch im Allgemeinen ein!

Gefülltes Schweinefilet

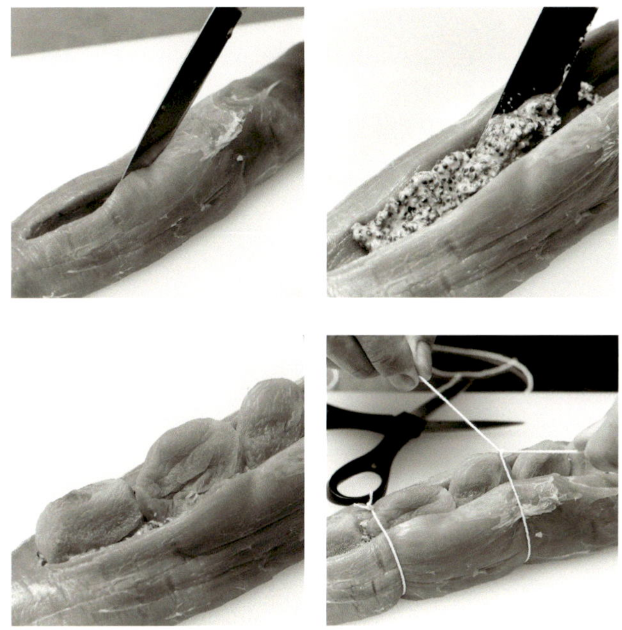

Für 3 Personen:
1 Schweinefilet, ca. 500 g
8 Dörraprikosen, ca. 60 g
30 g Tequilla
30 g grobkörniger Senf
10 g Grill-Ueli Fleischgewürz
20 g Olivenöl

Die Aprikosen für mindestens 2 Stunden im Tequilla einlegen. Das Schweinefilet der Länge nach ca. 2 cm tief einschneiden und den Senf darin verteilen. Die marinierten Aprikosen hineinstecken und das Fleisch 4-5 Mal binden. Das Grill-Ueli Fleischgewürz mit dem Olivenöl vermischen und das Filet damit einstreichen. Mindestens 4 Stunden marinieren lassen.

Bei 180 °C ca. 35 Minuten indirekt grillieren. Das Fleisch vom Grill nehmen und 6 Minuten ruhen lassen.

2008 Torpa, C. Flaction, Wallis
Marsanne und Païen sind die Protagonisten dieser Cuvee. Ums vorwegzunehmen: Es ist ein Wahnsinnswein mit Wucht, Saft und Kraft und doch auch mit der nötigen Frische der Païen ausgestattet. Zitrusfrüchte, Mandeln, Vanille, Rauch und gelbe Früchte zu Beginn. Dicht, lebendig und überaus kraftvoll der Gaumen. So einen autochthonen Wein haben Sie noch nicht getrunken!?

Roastbeef

Für 6 Personen:
1,5 kg Roastbeef
30 g Olivenöl
30 g Grill-Ueli Fleischgewürz
20 g Honig
20 g Sojasauce
2 g Chiliflocken

Das Olivenöl mit dem Grill-Ueli Fleischgewürz gut vermischen und das Fleisch damit 12 Stunden im Kühlschrank marinieren.

Das Fleisch rechtzeitig aus dem Kühlschrank nehmen, damit es vor dem Grillieren Zimmertemperatur erreicht.

Bei 180 °C ca. 90 Minuten indirekt grillieren. Honig, Sojasauce und Chiliflocken gut vermischen und gegen Ende der Garzeit das Fleisch damit bestreichen. Wenn die Kerntemperatur von 49 °C erreicht ist, das Fleisch vom Grill nehmen und vor dem Aufschneiden zugedeckt 10 Minuten ruhen lassen. (Die Kerntemperatur sollte dann ca. 55 °C sein.)

2007 Licinia, Bodegas Licinia,
Vinos de Madrid
Betörender Auftakt in der Nase mit schwarzen Früchten und gerösteten Gewürzen. Dieser Eindruck setzt sich am Gaumen fort, der in seiner seidig-eleganten Art und mit gewaltigem Nachdruck begeistert. Ein Wein wie aus einem Guss, perfekt balanciert und zu edlem dunklem Fleisch ganz einfach phantastisch.

Pilzgratin

300 g Eierschwämme
100 g Stangensellerie
20 g Petersilie
15 g frischer Majoran
10 g Grill-Ueli Gemüsegewürz
150 g Rahm
50 g geriebener Bergkäse

Die Pilze putzen, grössere Exemplare halbieren. Stangensellerie in 1 cm breite Scheiben schneiden. Petersilie grob schneiden und vom Majoran die Blättchen zupfen. Alles locker vermischen und mit Grill-Ueli Gemüsegewürz würzen. In eine Gratinform geben, den Rahm darüber giessen und den Käse darüber verteilen. Bei 180 °C ca. 20 Minuten indirekt grillieren.

Pollo al diavolo

1 Poulet, ca. 1 kg
30 g Olivenöl
25 g Grill-Ueli Geflügelgewürz
½ Zitrone, 30 g Saft und abgeriebene Schale
ca. 2 g getrocknete Peperonciniflocken

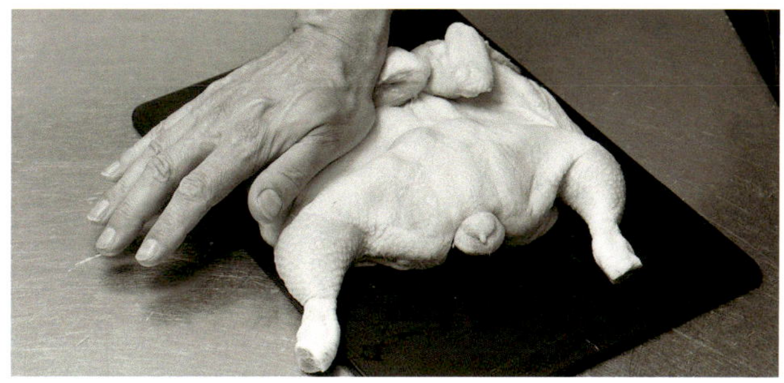

Das gewaschene Poulet längs des Brustbeins aufschneiden und flach drücken. Die restlichen Zutaten gut miteinander vermischen und das Poulet damit mindestens 3 Stunden im Kühlschrank marinieren. Das Poulet rechtzeitig aus dem Kühlschrank nehmen, damit es vor dem Grillieren Zimmertemperatur erreicht.

Bei 180 °C ca. 35 Minuten indirekt grillieren, bis eine Kerntemperatur von 70 °C erreicht ist.

2006 La Montesa,
Palacios Remondo, Rioja
Kaum ein anderer Wein verkörpert so den Geist des neuen Spaniens wie Alvaro Palacios. Feinfühlig seine Stilistik zwischen Tradition und Moderne, ist sein La Montesa von seidig-eleganter Struktur, verführerischer dunkler Fruchtigkeit und ledrigen Anklängen. Ein Schmeichler mit Tiefgang für das rassige Pouletfleisch.

Polenta Köpfli

300 g Gemüsebouillon
200 g Milch
150 g feiner Maisgriess
40 g geriebener Parmesan
ca. 60 g Frischkäse, z.B. Boursin

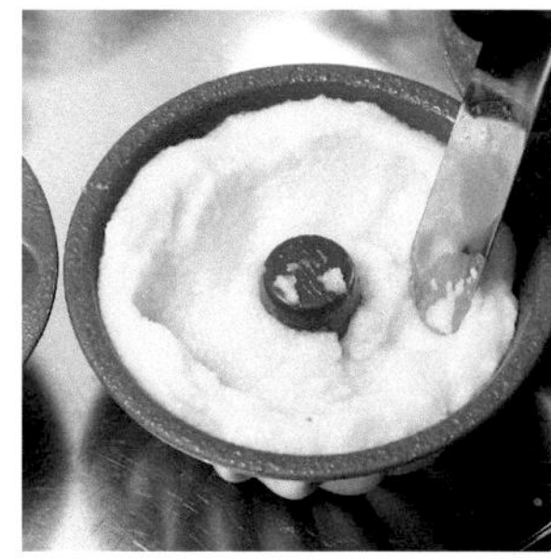

In einer feuerfesten Form die Bouillon und die Milch aufkochen, Polenta einrühren und ca. 10 Minuten köcheln. Parmesan beigeben und die Polenta sofort in gefettete Puddingförmchen füllen. Eine Vertiefung in die Polenta drücken, mit Frischkäse füllen und mit Polenta verschliessen. Auskühlen lassen und stürzen. Köpfli vor dem Servieren bei 180 °C ca. 8 Minuten indirekt grillieren.

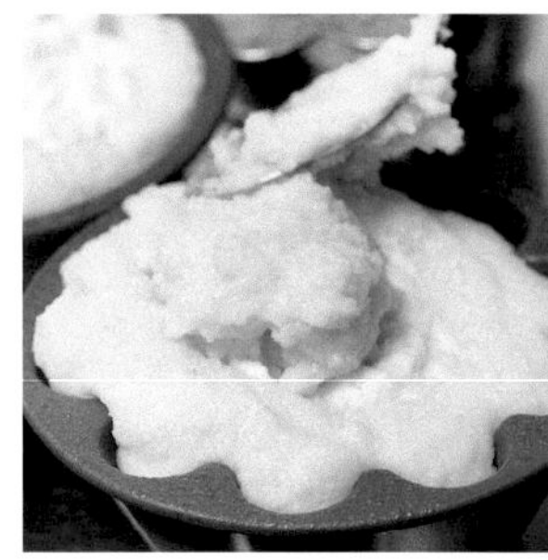

Lammrack mit orientalischer Kruste

2 Lammracks, je ca. 400 g
20 g Grill-Ueli Fleischgewürz
40 g geschälte Pistazien
40 g Dörraprikosen
5 g Pfefferminzblätter
15 g Petersilie
1-2 Chili
1 Limette
25 g Olivenöl
40 g Paniermehl

Die Lammracks mit ca. $\frac{2}{3}$ des Fleischgewürzes einreiben. Mindestens eine Stunde ruhen lassen.

Die Pistazien fein hacken und die Dörraprikosen in feine Würfel schneiden. Kräuter und Chili fein schneiden. Von der Limette die Schale abreiben, Limette auspressen. Alle Zutaten inklusive dem restlichen Fleischgewürz gut vermischen. Die Masse auf die beiden Racks verteilen und gut anpressen.

Bei 180 °C ca. 30 Minuten indirekt grillieren bis die Kerntemperatur 53 °C erreicht ist. Vom Grill nehmen und vor dem Aufschneiden 6 Minuten ruhen lassen.

2005 Chateau Lafon Rochet, St. Estephe, Bordeaux
Bordeaux und Lamm ergeben seit jeher eine famose Liaison. Die kräftig-würzigen Aromen des Bordelais sind der ideale Partner für das schmackhafte Lammfleisch. Lafon Rochet zeichnet sich durch eine grossartige Lage zwischen Lafite Rothschild und Cos d`Estournel aus und hat vor allem in jüngster Zeit mit hervorragenden Weinen auf sich aufmerksam gemacht.

Appenzellerfilet

1 Appenzellerfilet, ca. 700 g
10 g Grill-Ueli Fleischgewürz
20 g Olivenöl
Anstrich nach Wunsch, siehe Seite 15

Das Appenzellerfilet ist ein runder Mocken (falsches Filet) vom Kalb mit raffinierter Füllung. Erhältlich bei Grill-Ueli in der Keller Gourmet-Metzg in der ***delicatessa im Globus Glattzentrum.
Ihr Metzgermeister hat sicher etwas ähnliches im Sortiment oder wird Ihnen dieses auf Vorbestellung gerne zubereiten.

Olivenöl und Grill-Ueli Fleischgewürz vermischen und das Appenzellerfilet damit bestreichen.

Bei 180 °C ca. 45 Minuten indirekt grillieren. 10 Minuten vor dem Garende mit dem Anstrich bestreichen. Vor dem Aufschneiden 6 Minuten ruhen lassen.

2008 Trocla Nera, Weingut zur Sonne, Graubünden
Trocla Nera bedeutet „Schwarze Traube“ und wird aus extraktreichen Blauburgundertrauben der besten Reblagen gekeltert und reift 12 Monate in Eichenfässern. Der Wein zeigt sich ob seiner Jugend schon zugänglich und begeistert mit herrlichem rotbeerigem Spiel und rauchigen Nuancen. Das Gaumengefühl ist stoffig, wiederum rote Beeren im druckvollen Finale. Grossartig!

Limetten-Kartoffelburger

600 g mehlig kochende Kartoffeln
2 Eigelb
125 g Ricotta
50 g Parmesan
100 g Paniermehl
20 g Petersilie, gehackt
½ Limettenschale, fein gerieben
15 g Grill-Ueli Gemüsegewürz

Kartoffeln in Alufolie wickeln und bei 200 °C ca. 60 Minuten indirekt grillieren. Die noch heissen Kartoffeln durch die Kartoffelpresse in eine Schüssel pressen, die restlichen Zutaten dazu geben und gut mischen. Masse nicht kneten, sonst wird sie zäh. Kartoffelburger von ca. 5 cm Durchmesser formen. Das geht am besten mit Grill-Ueli's Mini-Burgerpresse.

Bei 180 °C ca. 10 Minuten indirekt grillieren.

Globus-Steak

4 Globus-Steaks, ca. 800 g
15 g Olivenöl
10 g Aceto Balsamico
10 g Honig
10 g Salz

Das Globus-Steak ist ein Schweinsnierstück, «gefüllt» mit einem Lammnierstück und Kräutern, umwickelt mit Speckscheiben.

Erhältlich bei Grill-Ueli in der Keller Gourmet-Metzg in der ***delicatessa im Globus Glattzentrum. Ihr Metzgermeister hat sicher etwas Ähnliches im Sortiment oder wird Ihnen dieses auf Vorbestellung gerne zubereiten.

Die Zutaten für die Marinade gut vermischen. Die Steaks mit Öl bepinseln und beidseitig je 1 Minute direkt grillieren.

Mit der Marinade bepinseln und weitere 8-10 Minuten bei 180 °C indirekt grillieren, bis eine Kerntemperatur von 55 °C erreicht ist. Vor dem Servieren 6 Minuten ruhen lassen.

2008 Gamaret La Clèmence, Cave de Genève, Genf
Der Gamaret (Kreuzung aus Gamay und Reichensteiner) besitzt eine tiefe, fast dunkel-violette Farbe, Heidelbeer-und Cassisaromen, Würzigkeit und ist sehr gut lagerfähig. Eine Traube mit grossem Potenzial und einfach Klasse mit dem herzhaften Globussteak!

Kalbshaxe mit Zitrone

1 Kalbshaxe, ca. 1 kg
2 Zitronen
50 g Olivenöl
25 g Grill-Ueli Fleischgewürz

Von einer Zitrone die Schale abreiben und den Saft auspressen. Schale, Saft, Grill-Ueli Fleischgewürz und Olivenöl gut vermischen. Die Haxe damit bepinseln und gut einmassieren. Mindestens 4 Stunden marinieren lassen.

Die Haxe mit Küchenschnur 3 Mal binden. Die zweite Zitrone in ca. 3 mm dicke Scheiben schneiden und diese unter die Küchenschnur stecken. Bei 180 °C ca. 120 Minuten indirekt grillieren, bis eine Kerntemperatur von 78 °C erreicht ist. Vor dem Aufschneiden 10 Minuten ruhen lassen.

2006 Il Bugiardo Valpolicella Ripasso DOC, A. Buglioni, Veneto
Wundervoll anregende Cassis- und Schwarzkirscharomen, die sich mit dem stoffigen Körper zur Grandezza vermählen und die Kalbshaxe trotzdem nicht dominieren.

Kartoffelgratin

3 grosse Kartoffeln (mehlig kochend), ca. 600 g
500 g Vollrahm
10 g Maizena
50 g Gruyère Käse, gerieben

Die Kartoffeln schälen und satt in Alufolie einwickeln. 60 Minuten bei 200 °C indirekt grillieren. Die Kartoffeln aus der Folie nehmen und etwas auskühlen lassen. In ca. 2 cm grosse Würfel schneiden und in eine feuerfeste Schale geben (z.B. Outdoor-Chef Halbmond). Maizena im Rahm auflösen und über die Kartoffeln giessen, den Käse darüber verteilen. Den Gratin bei 200 °C ca. 20 Minuten indirekt grillieren.

Rehrücken

1 Rehrücken, ca. 1.4 kg
10 g frischer Rosmarin
45 g Olivenöl
40 g Grill-Ueli Fleischgewürz
1-2 Äpfel
Cranberry- oder Preiselbeersauce

Am Vortag die Filets aus dem Rehrücken entfernen und die Silberhaut wegschneiden*.

Den Rücken der Länge nach am Knochen einschneiden. Rosmarin grob hacken, mit Olivenöl und Fleischgewürz mischen. Rehrücken damit bepinseln und mindestens 4 Stunden im Kühlschrank marinieren. 2 Stunden vor dem Grillieren den Rehrücken aus dem Kühlschrank nehmen. Anschliessend indirekt bei 180 °C ca. 40 Minuten grillieren bis die Kerntemperatur von 52 °C erreicht ist. Rehrücken vom Grill nehmen und ca. 6 Minuten zugedeckt ruhen lassen. Von den Äpfeln das Kerngehäuse entfernen und in 3 mm dicke Scheiben schneiden. Auf jeder Seite kurz direkt grillieren. Rückenfilets vom Knochen lösen, tranchieren und auf den Apfelscheiben anrichten. Mit Cranberrysauce servieren.

* Grill-Uelis Tipp zum Apéro für den Grillmeister: Die Filets auf jeder Seite 3-4 Minuten direkt über der Glut braten. Fein aufschneiden, mit Pfeffer, Salz und einigen Tropfen Balsamico abschmecken, dazu ein Glas edler Portwein geniessen.

2007 Blaufränkisch Hochberg,
A. Gesellmann, Burgenland
Feines Essen verlangt nach feinen Weinen. Betörender Duft nach Heidelbeer-und Kirschfrucht, zart nach Blutorangen, feine Würze. Am Gaumen hochelegante Textur, mineralisch und saftig zugleich in perfekter Ausgewogenheit. Ein Edel-Blaufränkischer fürs Burgunderglas!
Alternativtipp: Ein Top Pinot Noir aus der Bündner Herrschaft.

Marroni Kroketten

600 g mehlig kochende Kartoffeln
100 g Marronipüree
2 Eigelb
20 g Maizena
20 g Butter
100 g Paniermehl
15 g Grill-Ueli Gemüsegewürz

Kartoffeln in Alufolie wickeln und bei bei 200 °C ca. 60 Minuten indirekt grillieren. Das Marronipüree durch eine Kartoffelpresse in eine Schüssel pressen. Die restlichen Zutaten dazu geben. Die heissen Kartoffeln dazu pressen. Alles gut mischen, aber nicht kneten, sonst wird die Masse zäh. Teig in vier Teile schneiden, ausrollen und in 5 cm lange Stücke schneiden. Die Kroketten in einer feuerfesten Form ca. 6 Minuten bei 180 °C indirekt grillieren.

Tomaten gefüllt mit Couscous

8 Strauchtomaten
150 g Gemüsebouillon
100 g Couscous
2 Schalotten
1 Knoblauchzehe
30 g Olivenöl
50 g Aceto Balsamico
40 g Pinienkerne, geröstet
5 g Pfefferminze, fein gehackt
Schwarzer Pfeffer
2 g Zucker
2 g Zimt, gemahlen

Bouillon aufkochen, über den Couscous giessen und ca. 8 Minuten quellen lassen.

Von den Tomaten einen Deckel abschneiden und beiseite legen. Die Tomaten aushöhlen und das Fruchtfleisch beiseite legen.

Schalotten und Knoblauch sehr fein schneiden. Öl in einer feuerfesten Form auf dem Grill heiss werden lassen und beides darin andünsten. Mit dem Aceto Balsamico ablöschen.

Den Couscous mit einer Gabel auflockern. Das aromatisierte Öl, das ausgelöste Fruchtfleisch und die restlichen Zutaten gut mischen. Tomaten mit dem Couscous füllen. Die Deckel wieder aufsetzen und bei 180 °C ca. 10 Minuten indirekt grillieren.

Dorade mit Oliven

4 Doraden, geschuppt und ausgenommen, je ca. 450 g
2 unbehandelte Zitronen
20 g Olivenöl
50 g Grill-Ueli Fischgewürz
20 g Rosmarin am Zweig
600 g kleine Tomaten
je 100 g schwarze und grüne Oliven

Die Haut der gewaschenen Doraden auf beiden Seiten mehrmals einschneiden. Schale und den Saft von einer Zitrone mit dem Olivenöl und dem Grill-Ueli Fischgewürz vermischen und die Fische damit bepinseln. Rosmarin in die Bauchhöhle geben. Die Tomaten halbieren. Die zweite Zitrone in feine Scheiben schneiden. Die Doraden in eine feuerfeste Form legen und mit den Zitronenscheiben belegen. Die restlichen Zutaten sowie das restliche Gewürzöl darüber verteilen. Bei 200 °C ca. 25 Minuten indirekt grillieren.

Lässt sich die Rückenflosse leicht herausziehen, ist der Fisch gar.

2006 Nova Domus, Kellerei Terlan, Südtirol
Der Nova Domus ist eine famose Cuvee aus 60% Weissburgunder, 30% Chardonnay und 10% Sauvignon Blanc von einem der besten Weissweinerzeuger in ganz Italien. Umwerfendes Aromenspektrum von Aprikosen, tropischen Früchten und Vanille gepaart mit Rasse, Mineralität und einer zarten Salzigkeit im Nachhall. Ein grosser Wein zur grossen Fischküche!

Broccolistrudel

700 g Broccoli
1 Knoblauchzehe
½ Chilischote
150 g Weisswein
8 Blätter Strudelteig ca. 20 x 20 cm
100 g flüssige Butter
50 g Paniermehl
50 g Pinienkerne, geröstet
15 g Basilikum, in feinen Streifen

Broccoli in Röschen teilen, sehr fein schneiden. Knoblauch und Chili fein hacken. Broccoli, Knoblauch, Chili und Weisswein gut mischen, zusammen in eine Alufolie wickeln oder in eine Aluschale geben und ca. 25 Minuten bei 180 °C indirekt grillieren.

Broccoli aus der Folie nehmen, in eine Schüssel geben und mit einer Gabel leicht zerdrücken.

Die Teigblätter mit Butter bestreichen und das Paniermehl gleichmässig darauf verteilen. Je 2 Blätter aufeinander legen und bis zur Hälfte mit Broccolimasse bestreichen. Dabei einen ca. 3 cm breiten Rand frei lassen. Pinienkerne und Basilikum darüber verteilen. Die Ränder einschlagen und die Strudel von der belegten Hälfte her satt aufrollen. Nochmals mit Butter bestreichen und bei ca. 220 °C ca. 10 Minuten indirekt grillieren.

Pangasius-Basilikumrolle
mit Tomatenkompott

4 Pangasiusfilet, je ca. 150 g
15 g Grill-Ueli Fischgewürz
8 Basilikumblätter
600 g Cherrytomaten
30 g Rohrzucker
50 g Olivenöl
5 g Knoblauchzehen, frisch gehackt
250 g Tomatensaft
40 g Zitronensaft, frisch gepresst
15 g Grill-Ueli Gemüsegewürz
8 Zahnstocher

Pangasisusfilet längs halbieren, würzen und mit Basilikum belegen. Die Filets einrollen und mit einem Zahnstocher fixieren. Cherrytomaten waschen und halbieren. Rohzucker, Olivenöl, Knoblauch, Tomaten- und Zitronensaft und das Gemüsegewürz vermengen. Mit den Tomaten gut mischen und in eine feuerfeste Form geben. Pangasisusrollen darauf legen und bei 180 °C ca. 15 Minuten indirekt grillieren.

2009 Pinot Gris, A. Davaz, Graubünden
Pinot Gris oder Grauburgunder ist prinzipiell in höchstem Masse als Speisenbegleiter befähigt. Davaz` gehaltvoller Auftritt, unterlegt mit Würze und Finesse, schafft sogar glänzend die anspruchsvolle Übereinstimmung mit dem kräftigen Tomatenkompott.

Zucchetti Wähe

1 Kuchenteig ausgewallt, 270 g
80 g Pistazien
500 g Zucchetti
10 g Estragon
3-4 Tranchen Trockenfleisch, ca. 30 g
Guss:
100 g Ziegenfrischkäse
3 Eier
200 g Halbrahm
15 g Grill-Ueli Gemüsegewürz

Den Teig auf ein gefettetes Blech legen, mit einer Gabel mehrmals einstechen. Pistazien im Cutter zerkleinern. Auf dem ausgelegten Teig verteilen und kühl stellen. Die Zucchetti in ca. 2 mm dicke Scheiben schneiden. Estragonblätter zupfen. Das Trockenfleisch in feine Streifen schneiden.

Für den Guss den Käse mit einer Gabel zerdrücken und mit den restlichen Zutaten gut vermischen. Die Zucchettischeiben ziegelartig auf den Teig schichten und den Estragon darüber verteilen. Den Guss gleichmässig darüber giessen und das Trockenfleisch darüber verteilen. Bei 200 °C ca. 40 Minuten indirekt grillieren.

2009 Païen d`Enfer,
Henri Valloton, Wallis
Vom Traminer abstammend ist diese Spezialität aus dem Wallis einfach ein königlicher Partner für die Zucchettiwähe. Typisch seine Zitrusaromen, Anklänge nach gerösteten Nüssen und ein Touch Exotik gepaart mit quicklebendiger Säure, die in einem Finale von enormer Länge mündet. Swissness as it`s best!

Miesmuscheln mit grünem Gemüse

1,5 kg Miesmuscheln, geputzt
100 g Stangensellerie
150 g Fenchel
50 Frühlingszwiebeln
30 g glatte Petersilie
½ unbehandelte Limette
1 grüner Peperoncino
100 g Wermut, z.B. Noilly Prat
20 g Olivenöl
20 g Grill-Ueli Fischgewürz

Miesmuscheln gut spülen und geöffnete wegwerfen. Gemüse, Zwiebel und die Petersilie grob schneiden. Den Peperoncino und die gut gewaschene Limette mit der Schale fein schneiden. Alles mit den Muscheln vermischen und in eine feuerfeste Form geben. Wermut, Olivenöl und Grill-Ueli Fischgewürz vermischen und über die Muscheln verteilen. Die Form mit Alufolie dicht verschließen und bei 200 °C ca. 25 Minuten indirekt grillieren, bis die Muscheln geöffnet sind. Ungeöffnete Muscheln wegwerfen.

2009 Muscadet Sèvre et Maine Sur Lie AC,
Les Haut de la Noelle, Loire
Fast vergessen ist dieser Typus Wein auf den Karten dieser Welt. Dabei ist gerade der trockene Muscadet durch seine anregende, leichtfüssige Art ein feinfühliger Weggefährte der Muscheln. Bezaubernd und verspielt wirkt seine Duftigkeit nach frischem Heu und einem Hauch Zitrusdelikat die Eleganz und Feinheit des Geschmacks.

Lachs mit Zucchettischuppen

1 Lachsfilet, ca. 1.2 kg
15 g Grill-Ueli Fischgewürz
Für die Farce:
300 g Pangasiusfilets in Würfel geschnitten
15 g Grill-Ueli Fischgewürz
50 g Vollrahm
50 g Butter
Pfeffer, gemahlen
1 Zucchetti

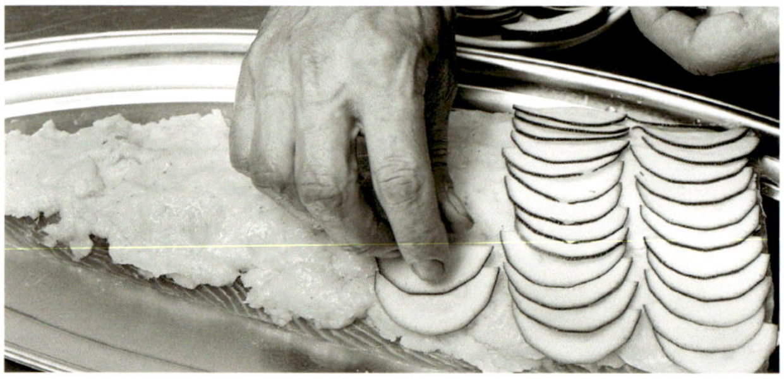

Den Lachs mit kaltem Wasser abspühlen und trocknen. Das Filet mit dem Grill-Ueli Fischgewürz einreiben.

Für die Farce die Pangasiusstücke im Gefrierfach anfrieren lassen. Danach mit den restlichen Zutaten im Cutter fein pürieren. Zucchini längs halbieren und in dünne Halbmonde schneiden.

Die Pangasiusfarce auf dem Lachsfilet verteilen und mit den Zucchini-Halbmonden wie Schuppen belegen. Zwischen den einzelnen Reihen 2 mm Abstand lassen. Damit lässt sich der Fisch nach dem Garen besser portionieren. Den Lachs mit der Hautseite nach unten auf den Grill legen und ca. 20 Minuten bei 180 °C indirekt grillieren. Den Fisch noch auf dem Grill in Tranchen schneiden und die Tranchen mit Hilfe eines Spachtels anrichten. (Die Haut bleibt auf dem Grill zurück).

2009 Sauvignon Blanc
Therese, E+W Polz,
Südsteiermark
Zur Ouvertüre typisch steirische Aromen wie Stachelbeeren oder gelber Peperoni, dann aber exotische Anklänge, vielschichtig, warme Aromen wechseln mit frischem Säuregerüst, komplex und multidimensional. Ein Paradebeispiel aus der grünen Mark und unvergleichlich mit Ueli`s Fischkreation!

Corn on the Cob

4 Maiskolben
4 g gemischtfarbene Pfefferkörner
4 g frischer Oregano
15 g Grill-Ueli Gemüsegewürz
50 g flüssige Butter

Die Blätter der Maiskolben nach hinten ziehen und die Fäden entfernen. Die Oreganoblättchen vom Stiel zupfen und die Pfefferkörner zerstossen. Beides zusammen mit dem Grill-Ueli Gemüsegewürz und der Butter vermischen. Die Kolben damit bestreichen und die Blätter wieder zurückfalten. Satt in Alufolie wickeln und bei 200 °C ca. 45 Minuten indirekt grillieren.

Süsses Ausklingen...

Früchte, Gebäck und Glacé

Die Rezepte sind für 4 Personen, falls nicht anders vermerkt

Cranberry Pie

Zutaten für eine Form von 23 cm Ø
Teig:
230 g Mehl
3 g Salz
5 g Zucker
130 g Butter
60 g eiskaltes Wasser
Füllung:
300 g Cranberries
150 g Zucker
2 g Salz
1 Zitrone, nur abgeriebene Schale
10 g Mehl
40 g Orangensaft
1 Ei

Die kalte Butter in Stücke schneiden und mit Mehl, Salz und Zucker vermischen bis eine regelmässige, krümelige Masse entsteht. Das kalte Wasser zugeben und kurz zu einem Teig verarbeiten. 30 Minuten kalt stellen.

Den Teig ca. 2 mm dick auswallen und eine Pie- oder Kuchenform damit auslegen. (Den restlichen Teig wieder in den Kühlschrank geben). Backtrennpapier auf den Teig legen und mit Blindbackbohnen beschweren.

Bei 200 °C ca. 15 Minuten indirekt grillieren, auskühlen lassen und die Bohnen herausnehmen.

Die Zutaten für die Füllung ohne das Ei gut vermischen. Den restlichen Teig auswallen und in Streifen schneiden.

Die Füllung auf dem Pieboden verteilen. Die Teigstreifen darüber flechten und mit Eiweiss am Rand verkleben. Eigelb mit wenig Wasser vermischen und den Teig bestreichen.

Bei 200 °C ca. 45 Minuten indirekt grillieren.

Johannisbeer Muffins

2 Eier
100 g flüssige Butter
180 g Milch
350 g Mehl
10 g Backpulver
80 g Zucker
2 g Salz
ca. 100 g Johannisbeerkonfitüre
Puderzucker zum Bestäuben
Frische Johannisbeeren zum Dekorieren

Eier, Butter und Milch gut verrühren. Mehl, Backpulver, Zucker und Salz mischen. Zur Eiermischung geben und gut vermengen.

Die Hälfte des Teigs in 12 Muffinformen einfüllen. Kleine Mulden in den Teig drücken und ca. einen Teelöffel Konfitüre hineinfüllen. Den restlichen Teig darauf verteilen.

Muffins bei 200 °C ca. 35 Minuten indirekt grillen. Mit Puderzucker bestäuben und mit den frischen Beeren dekorieren.

2009 Moncalvina Moscato d`Asti, Coppo, Piemont
Die Suche nach dem Gleichgewicht traubiger Süsse und leichtfüssiger Frische findet im Moscato von Coppo seinen Ausdruck. Mit seinen gerade mal 5% Alkohol ist er ein himmlischer Genuss zu den Johannisbeer-Muffins. Diese prickelnde Verführung ist zu allen Desserts wie Torten, Gebäck oder Obstkuchen eine Offenbarung.

Glacé im Teig

1 Strudelteig ca. 100 g
20 g Butter, flüssig, abgekühlt
ca. 80 g Schokoladenkuchen oder Brownies
ca. 200 g Vanilleglacé

Strudelteig in 8 Quadrate mit 20 cm Seitenlänge schneiden. Den Kuchen in 4 ca. 4 x 4 cm grosse Stücke schneiden.

4 Glacékugeln formen und ins Gefrierfach legen. Die Teigblätter mit Butter bepinseln. Je 2 Blätter so aufeinanderlegen, dass ein Stern entsteht. Je ein Kuchenstück in die Mitte setzen und eine Kugel Glacé darauf legen. Die Strudelteigblätter einschlagen und wie ein Beutel mit einem Bindfaden verschliessen. Teig aussen ebenfalls mit Butter bestreichen.

Bei 200 °C ca. 8 Minuten indirekt grillieren, bis sie goldbraun sind. Sofort servieren.

2007 Banyuls Rimage,
Le Clos de Paulilles, Roussillion
Dieser rote Dessertwein besteht zu 100% aus Grenache Noir. Die Opulenz dieses Weines, seine rotbeerigen Aromen und seine an Kakao, Mokka und Süssholz erinnernden Komponenten sind herausragende Merkmale in Harmonie mit feinen Desserts.

Ananas Carpaccio

1 Ananas
100 g Weisswein
100 g Rohrzucker
Kokosglacé, geröstete Kokosraspel, nach Belieben

Die Schale der Ananas dünn abschneiden. Die «Augen» mit schrägen Schnitten in der Diagonalen herausschneiden.

In einer feuerfesten Form auf dem Grill den Zucker im Wein auflösen und auf die Hälfte reduzieren. Die Ananas bei 180 °C ca. 15 Minuten indirekt grillieren.

Die Annanas in feine Scheiben schneiden und mit dem Weinsirup beträufeln. Mit einer Kugel Kokosglacé und Kokosraspeln anrichten.

Rum Zacapa Centenario
23 Jahre, Guatemala
Der Rum von Zacapa gilt unter Kennern als der Cognac unter den Rums. Er hat eine betörende Nase nach Toffee, Mokka, Bananen und Honig. Der Gaumenfluss ist sanft und geschmeidig mit schmeichelnder Süsse und höchster Eleganz. Schlichtweg eine tropische Traumkombination mit dem Ananas Carpaccio.

Gefüllte Äpfel

4 Äpfel
50 g Haselnüsse, gemahlen
50 g Zucker
1 Zitrone, Schale und Saft
30 g Rahm
30 g getrocknete Cranberries oder Weinbeeren
Puderzucker zum Bestreuen

Das Kerngehäuse der Äpfel grosszügig ausstechen. Die restlichen Zutaten mischen und in die Äpfel füllen. In einer feuerfesten Form bei 180 °C ca. 30 Minuten indirekt grillieren. Zum Servieren mit Puderzucker bestreuen.

Amaretti-Nektarinenspiesse

2 Nektarinen
16 weiche Amaretti
2 g Chiliflocken
50 g flüssigen Honig z.B. Akazienhonig
Holz- oder Bambusspiesse

Nektarinen halbieren, entsteinen und die Hälften jeweils vierteln. Die Fruchtstücke abwechslungsweise mit den Amarettos auf die Spiesse stecken.

Bei 180 °C ca. 10 Minuten indirekt grillieren. Die Spiesse anrichten, mit den Chiliflocken bestreuen und den Honig darüber verteilen.

2007 Riesling Beerenauslese
Ürziger Würzgarten,
Dr. Loosen, Mosel
Die deutschen Winzer beherrschen die feine Gratwanderung zwischen Süsse und Säure vortrefflich. Der Riesling vom steilen und leuchtend rotem Würzgarten besticht durch exotisch-würzige Aromen und grosser Tiefe. Besser geht's nicht!

Schoggi Bananen

8 kleine Bananen
32 Täfelchen hauchdünne Schokolade
400 g Vanillecrème
40 g Jack Daniel's Whiskey
4 Holzspiesschen

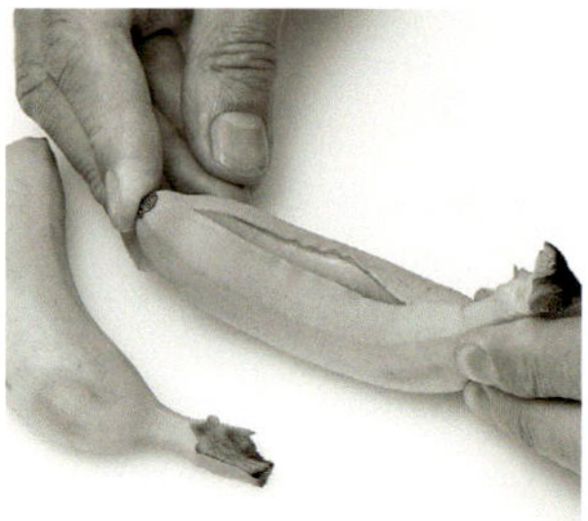

Bananen längs einschneiden, leicht auseinander drücken und mit je 4 Stück Schokolade füllen.

Je 4 Bananen auf 2 Spiesschen zusammenstecken. Vanillecrème mit dem Whiskey vermischen.

Bananen bei 180 °C ca. 15 Minuten indirekt grillieren und zusammen mit der Whiskeycrème anrichten.

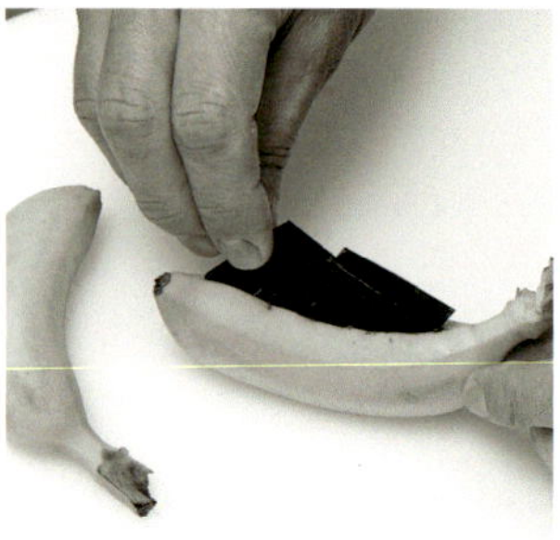

Michel Couvreur, Pedro Ximenez
18 years old
Eine wahrhaftige Sünde ist dieser Süsse Sherry, der über 18 Jahre in einem Single Malt Fass reifen durfte. Überbordende Nase nach getrockneten Feigen, Datteln und Nüssen. Extrem konzentriert und mit samtig-weicher Textur am Gaumen, Rosinen, wieder Datteln, Pralinés und ein zarter Hauch von Rauch und Torf im unendlichen Nachhall.

Aprikosen Tarte Tatin

Für ein Kuchenblech von Ø ca. 22 cm oder vier kleine Bleche von Ø ca. 12 cm
10-12 Aprikosen, ca. 500 g
60 g flüssige Butter
120 g Zucker
250 g Blätterteig, ausgewallt
180 g Crème fraîche

Aprikosen halbieren, entsteinen und die Hälften nochmals halbieren. Kuchenblech mit der Butter ausstreichen. ⅔ des Zuckers darauf streuen. Die Aprikosen enganliegend in das Kuchenblech legen. Mit dem restlichen Zucker bestreuen.

Blätterteig auf die Grösse der Form(en) zurechtschneiden und über die Aprikosen legen. Den Teigrand nach unten in die Form drücken.

Bei 200 °C ca. 35 Minuten indirekt grillieren bis der Teig knusprig und goldbraun ist. Vom Grill nehmen und etwas auskühlen lassen.

Danach vorsichtig auf eine Platte stürzen. (Vorsicht heisser Zuckersaft!) Noch lauwarm mit Crème fraîche servieren.

2007 Cuvee Beerenauslese,
G. Kracher, Burgenland
70% Welschriesling, 30% Chardonnay
Die edelsüssen Kreationen vom Weinlaubenhof in Illmitz geniessen Weltruf. Die einheimische Sorte Welschriesling ist im Prädikatsbereich mit der lebhaften Säurestruktur ein wunderbarer Gegenpol zu Honignote und gelben Steinobstfrüchten.

Kirschen im Schal

20 grosse Kirschen mit Stiel
20 karamelisierte Mandeln
½ Mürbeteig, ausgewallt, ca. 120 g

Die Kirschen entsteinen und anstelle des Steins eine Mandel geben. Den Teig in 1 cm breite und ca. 15 cm lange Streifen schneiden. Jede Kirsche mit einem Streifen Teig 2-3 Mal überlappend umwickeln. Auf einem Blech bei 200 °C ca. 20 Minuten indirekt grillieren.

2004 Quinta do Crasto Late Bottled Vintage, Douro
Die 20-30 verschiedenen Trauben werden handgepflückt und schonend mit blossen Füssen in den traditionellen „lagares" gestampft.
Schwarze Beeren, Kirschen und getrocknete Nüsse in der Nase ziehen uns in den Bann, fast schwarz und majestätisch im Glas, mit vornehmer Tiefe und grossem Rückhalt. Ein märchenhafter Wein voll betörender Aromatik.

THE LINDE GROUP

PanGas

Markengrills von

PanGas Gas & More

Für Ihr perfektes Grillvergnüngen

PanGas Gas & More, die sympathischen Fachmärkte von PanGas mit einem grossen Sortiment rund ums Gas. In den rund dreissig Fachmärkten in der ganzen Schweiz finden Sie Grills für jedes Bedürfnis: vom kleinen Balkongrill bis zum professionellen Metzgergrill.

Als Ihr kompetenter Partner für alles rund ums Gas bieten wir Ihnen beste Produkte von Markenherstellern wie WEBER, KOENIG und OUTDOORCHEF an. Ein umfangreiches und perfekt abgestimmtes Zubehörsortiment sowie ein einmaliger Beratungs-, Montier- und Lieferservice zeichnen uns aus.

Auswahl
+ Qualität
+ Top-Marken
+ Fachberatung
+ Zubehör
+ Service
= Fachmärkte von PanGas

Fachmarkt St. Gallen

Fachmarkt Meyrin

Die Adressen und Lagepläne aller Fachmärkte im Internet auf www.pangas.ch.

Sicherer Umgang mit Propangas

Bedienungsanleitung der Propangas-Flasche

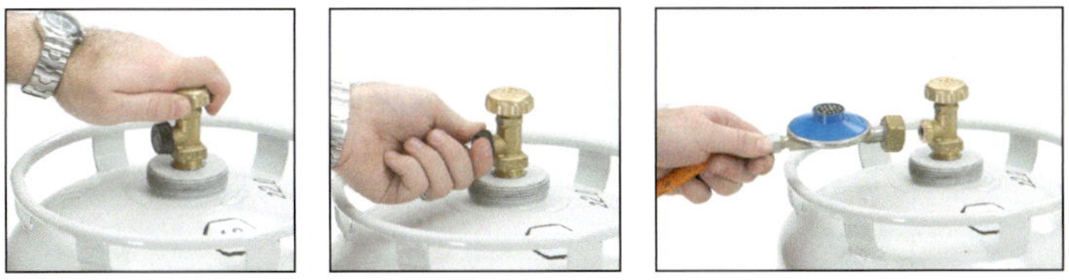

Anschliessen der Gasflasche

- Kontrollieren, ob der Flaschenhahn geschlossen ist.
- Erst dann die Plastik-Verschlusskappe entfernen. Nur Flaschen mit intakter Plastik-Verschlusskappe akzeptieren.
- Nach Gebrauch ist der Flaschenhahn zu schliessen.
- Auch bei leeren Flaschen muss der Flaschenhahn geschlossen werden.

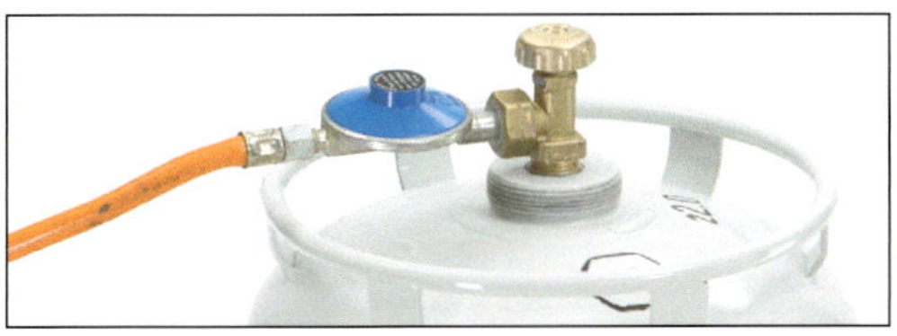

Dichtheitskontrolle

- Eine Dichtheitskontrolle ist mit geeigneten Mitteln durchzuführen (Seifenwasser, Lecksuchspray usw.). Es darf keine Flamme verwendet werden.
- Defekte Anlageteile (beschädigte Dichtungen, Schläuche, Druckregler usw.) sind durch den Lieferanten sofort zu ersetzen bzw. reparieren zu lassen.

Sicherheitsanweisungen für Propangas

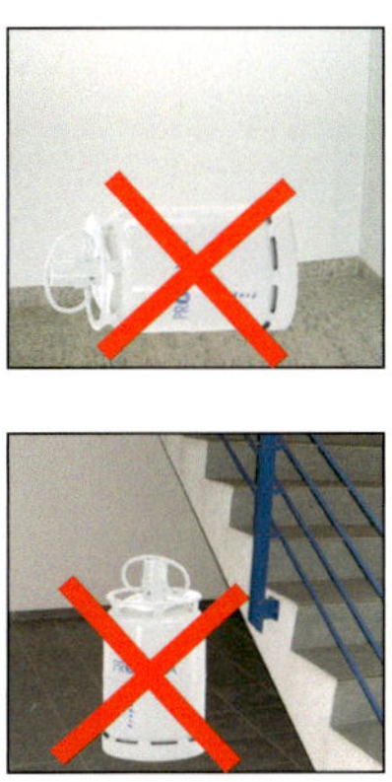

Lagerung der Gasflaschen

- Gasflaschen dürfen nur stehend gelagert und benützt werden (Ausnahme: Spezialflaschen mit Tauchrohr).
- Grossflaschen sind gegen Umkippen zu sichern.
- Flaschen nur mit Ventilschutz transportieren und lagern.
- Gasflaschen nie in Kellern oder Unterflurräumen lagern oder benützen. Weil das Gas ungefähr doppelt so schwer ist wie Luft, muss es bei allfälliger Undichtheit ins Freie entweichen können, sonst droht Erstickungs- oder Explosionsgefahr.
- Gasflaschen nie in der Nähe von Feuer, glühenden Gegenständen oder sonstigen Zündquellen aufstellen und anschliessen.
- Während die Gasflasche angeschlossen wird, darf nicht geraucht werden.

Gasgeruch: Welche Massnahmen muss ich sofort treffen?

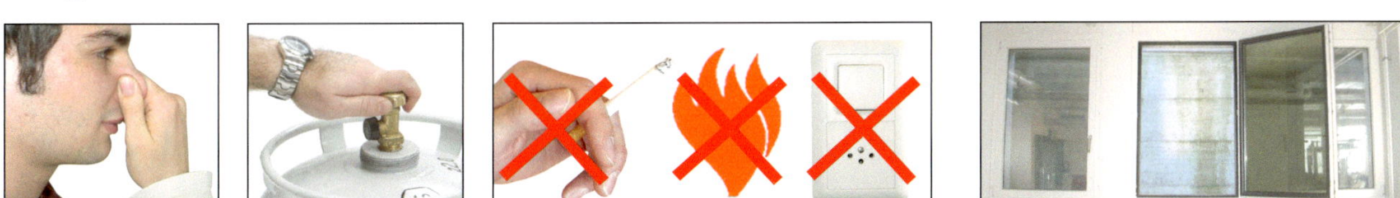

Bei Gasgeruch ist sofort der Flaschenhahn zu schliessen • Nicht rauchen • Keine Flamme anzünden • Keine elektrischen Schalter betätigen • Gasflasche ins Freie bringen • Raum gut lüften

Madlener

www.grillshop.at

Dornbirn, Bleichestr. 14b, 05572 22768

Immer mehr Menschen entdecken die Liebe zum Grillen und zum Barbeque. Es verbindet Geselligkeit mit gutem Essen und bedeutet nicht zuletzt, sich extra Zeit dafür zu nehmen. Wir wollen diesen Gedanken mit unseren Events und Produkten fördern und weitergeben. Unterstützt werden wir dabei durch geschulte Referenten und Grillweltmeister. Durch laufende Schulungen und Jahre lange Erfahrung im Grillgeschäft konnen wir unseren Kunden Top-Beratung und die vielfältigsten Markenprodukte anbieten. In unseren Grillseminaren und BBQ-Workshops ist es möglich, sich von dieser besonderen Art der Zubereitung inspirieren zu lassen! Aktuellstes Know-How, eigens kreierte Rezepte und praxisnahe Umsetzung sind garantiert!

Wir bieten ein aktuelles Produktangebot mit innovativen Neuheiten zu äusserst konkurrenzfähigen Preisen. Einkaufssicherheit, umfassende und perfekte Dienstleistungen in kürzest möglicher Zeit sind für uns selbstverständlich. Für unsere Kunden wollen wir nur das Beste: Kompetente Beratung, zuvorkommende Behandlung und das Neueste, was der Markt zu bieten hat!

Christian Madlener, Geschäftsführer von grillshop.at und sein Team schätzen seit vielen Jahren die professionelle Zusammenarbeit mit Grill-Ueli.

HEIBI
bp
MONOLITH KERAMISCH GRILLEN
eva solo
PAELLA WORLD INTERNATIONAL
EUROPEAN OUTDOORCHEF THE BARBECUE COMPANY
grandhall living style
WMF
A di ALESSI by FOCHISTA
MR. FLAME™ Inc.
STUBB'S C.B. Stubblefield
FLAGA
HOT MAMAS
JOE'S BARBEQUE SMOKER
TANSUN
weber
Weber® World Partner

THE BARBECUE COMPANY

Die OUTDOORCHEF Gas-Technologie

Grillen Garen Backen
(Normalposition)

Für indirektes Grillen, Garen und zum Backen wird der obere Trichter mit der grossen Öffnung nach oben in den Kugelgrill eingesetzt. Die Hitze des Gasbrenners steigt an den Innenseiten der Grill-kugel empor und verteilt sich gleichmässig in der ganzen Kugel.
Der kleine Trichter unten wird immer mit der grossen Öffnung nach oben eingesetzt. Er schützt den Brenner vor herabtropfender Flüssigkeit und leitet diese in die Auffangschale unterhalb des Grills.

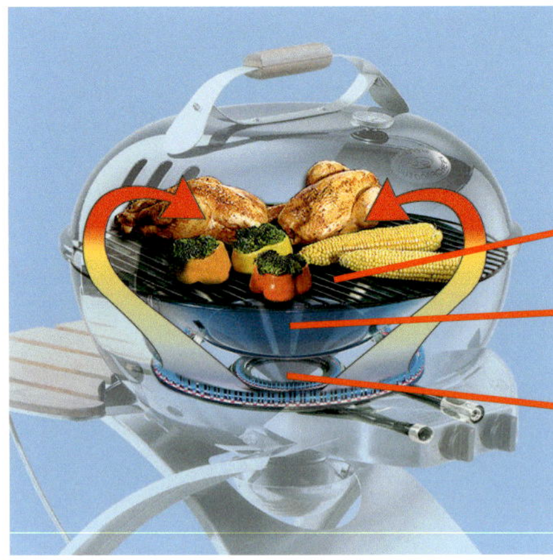

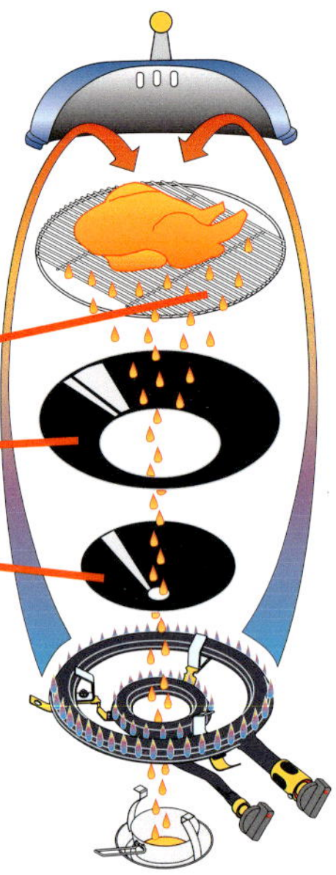

Der drehbare Trichter im Innern der Kugel schützt vor Fettflammenbrand und unangenehmer Rauchentwicklung. Er vereint eine unglaubliche Vielseitigkeit und Perfektion mit der Gewiss-heit, gesund zu grillen. Je nach Position des Trichters kann gegrillt, gegart, gebacken oder gekocht werden. Mit dem speziell entwickelten Zubehör ist der Vielfalt keine Grenze gesetzt.

gesund
Der einzige Gasgrill weltweit mit einem 100%-Schutz vor Fettflammenbrand!

vielseitig
Grillen, kochen, backen - von der Bratwurst bis zum Gourmet-Menü!

Kochen Braten
(Vulkanposition)

Für das Grillen und Kochen bei sehr hohen Temperaturen oder mit einer Gusseisenplatte wird der obere Trichter umgekehrt in die Grillkugel eingesetzt. Dadurch entsteht eine sehr grosse Hitze gezielt auf der Mitte des Grillrostes oder auf das Systemzubehör wie Gusseisenplatte, Wok, Universalpfanne etc.

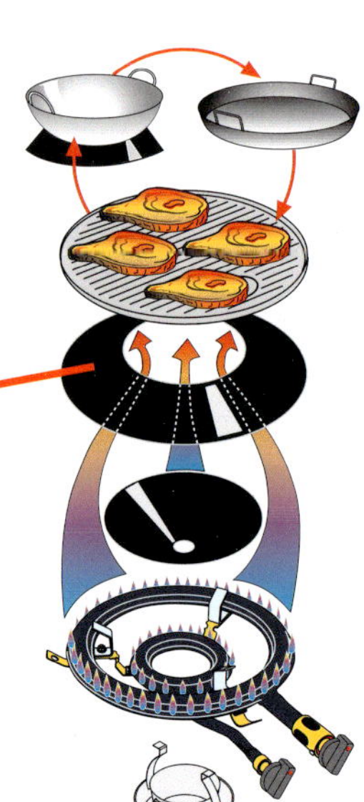

Rezeptverzeichnis

Vorspeise/Snack – Hauptspeise – Beilage – Dessert

Früchte

Gebäck

Diverses

Grill Notizen

Grill Notizen

Welcome

FEURIGEN DANK!

Grill-Ueli, Zuzana und Daniele
möchten allen für die vielseitige Unterstützung bei diesem Buchprojekt ganz herzlich danken!

allen Sponsoren vom Grill-Ueli Team
Andreas Brunnegger, Weinberater Globus
Bösch-Grill, Neu St. Johann
Bruno Bertossa, Internet-grillueli.ch
Craig & Kristina Coffey, inspirational gettaway to Paris
DKB Household Switzerland AG, Zürich
Grillshop.at, Dornbirn
Helen & Marco Küttel fürs Korrekturlesen
Keller Gourmet AG, Glattzentrum
Lisa Buchecker, *Cascade Design bei Tisch*, Luzern
Markus & Claudia, grillueli-shop.ch
Mathias Gfeller, fachkundige Unterstützung
Outdoorchef, Ebikon
Pacovis, Stetten
Pangas, Dagmersellen
Stiftra, Dietlikon
Unilever, Thayngen
Victorinox, Schwyz
Vreny Hofer für die Last-Minute Korrekturen
Yve & Patrick Bachmann für die Party at Foresthill mit
Jenny, Isabel, Linda, Martina, Bill, Dimitri und Robin
Nachbarshund Fritz für das Knochenentsorgen

Nachwort
An dieser Stelle danken wir Grill-Ueli für sein immenses Vertrauen und die konstruktive Zusammenarbeit. Es war spannend, interessant und lehrreich.
Wir wünschen allen Grillgourmets viel Spass mit diesem Buch und bitten um Nachsicht bei sprachlichen Unzulänglichkeiten und allfälligen anderen Fehlern.
Zuzana und Daniele

Impressum

Rezepte: Ulrich Bernold, www.grillueli.ch
Fotografie / Konzept: Trnka food & stills
Camera and lenses: Sinar, Hasselblad
Styling / Fotoküche: Daniele Combertaldi
Geschirr / Gläser: Cascade Design bei Tisch, Luzern
Grafik und Design: Daniele Combertaldi

ISBN 978-3-033-02652-0
www.trnka.ch

ALPINA DRUCK
www.alpinadruck.com